人工智能
与国家治理

本书编写组　著

人民出版社

目　录

※ 第一章 ※

人工智能导论

2016 年 3 月，阿尔法围棋人工智能机器人（AlphaGo）战胜了人类围棋世界冠军李世石，让人工智能正式被世人所熟知。整个人工智能市场也像被引燃了导火线，掀起了新一轮的技术革命浪潮。如今人工智能正在与各行各业快速融合，已经呈现加速突破、应用驱动的新趋势。人工智能已然成为国际竞争的新焦点，我国经过多年的持续研发布局，在人工智能多个领域取得重要成果，部分领域关键核心技术实现突破。我国发展人工智能既有很好的基础和优势，也面临巨大的挑战，需要探索一条符合国情的发展道路。

第一节　什么是人工智能

人工智能（Artificial Intelligence），英文缩写为 AI，是指在机器（计算机、机器人等）上实现达到或超越人类的感知、认知、决策、行动等智能行为，简单来说，就是机器能做人类智能能做的事情。在霍华德·加德纳的多元智能理论中，它将人类的智能分成七种能力：

（1）语言（Verbal/Linguistic）

（2）逻辑（Logical/Mathematical）

（3）空间（Visual/Spatial）

（4）肢体运作（Bodily/Kinesthetic）

（5）音乐（Musical/Rhythmic）

（6）人际（Inter-personal/Social）

（7）内省（Intra-personal/Introspective）

这便是人工智能的研究方向。

人工智能一直是科幻电影和文学作品里喜闻乐见的主题，大众最开始对人工智能的印象都是从电影开始的。各种科幻电影、小说中的机器人和超级计算机，都是人们对人工智能形态的一种憧憬。自 20 世纪 50 年代正式提出人工智能算起，大银幕上塑造了无数出神入化的人工智能形象，成为普罗大众对科技崇拜的源泉所在，满足了人类对未知生活方式的向往。一定程度上，科幻电影也成为科技行业的启蒙者，移动电话之父马丁·库帕就承认，他发明第一台移动电话正是受到《星际迷航》中"通讯器"（communicator）的启发。大众最初对人工智能的印象，便是这些科幻电影中展示的会与人聊天、会帮忙、会独立思考的拟人化机器人形象。伴随着电影塑造的经典人工智能形象，人工智能也被认为是从银幕上走出来的科技。

"一知半解"是当下大众对人工智能的认知状态，根据调查问卷得出的结果，大约只有 20% 的大众自评比较了解或非常了解，甚至五分之一的人没有听说过人工智能。然而，随着各类产品不断推广应用，如智能语言助手和个性化内容推荐，大众也在逐渐接受和认可人工智能。

现在国际上通常把人工智能分为强人工智能和弱人工智能。强人工智能，也称通用人工智能（General AI），是指达到或者超越人类水平、能够自适应地应对外界环境挑战、具有自我意识的人工智能。强人工智能和人类智能差不多，这是一件很难实现的事情。再者就是弱人工智能，也称狭义人工智能（Narrow AI），是指人工系统达到专用或特定技能的智能，比如语音识别、人脸识别、机器翻译等。迄今为止的人工智能系统都是实现特定或专用的智能，属于弱人工智能。目前发展最迅猛的也是弱人工智能，强人工智能还处于科研初级阶段。

科学研究的具体目标随着时代的变化而发展，一方面不断获得新的进展，另一方面又转向更有意义、更加困难的目标。繁重的科学和工程计算原本是人脑承担的，如今的计算机已经能完成这种计算，而且比人脑做得更快、更准确。因此当代人开始研究将计算机"智能化"，目标是使之完成"需要人类智能才能完成的复杂任务"，这便是人工智能研究的兴起。

用来研究人工智能的主要物质基础以及能够实现人工智能技术平台的机器是计算机，因此人工智能的发展历史是和计算机科学技术的发展史联系在一起的。除了计算机科学以外，人工智能还涉及信息论、控制论、自动化、仿生学、生物学、心理学、数理逻辑、语言学、医学和哲学等多门学科。人工智能学科研究的主要内容包括语音识别、自然语言理解、智能机器人、自动程序设计等方面。如今弱人工智能已经开始应用于语言服务、教育、医疗、安全等领域，开始逐步走入了人们的生活中。①

第二节 人工智能的起源

人工智能的理论先驱代表性人物是天才科学家图灵。艾伦·图灵（Alan Mathison Turing，1912.6.23—1954.6.7，英国数学家、逻辑学家）在 1950 年的论文《计算机器与智能》（*Computing Machinery and Intelligence*）中提出了图灵测试，在图灵测试中，人类测试者与一台机器被隔开，一个人类测试员通过文字向被测试者随意提问。进行多次测试后，如果测试不能确定出被测试者是人还是机器，那么这台机器就通过了测试，并被认为具有人类智能。它在数十年间被当作机器智能的测试标准，深刻影响了人工智能的

图 1—1 艾伦·图灵，计算机科学之父、人工智能之父

_____

① 李世鹏：《人工智能的发展现状和趋势》，《视听界》2019 年第 5 期。

发展。图灵测试不需要局限于对话，面对其他的一些人类活动也可以。目前在很多的领域里机器已经通过图灵测试，比如下棋。为了纪念图灵的贡献，美国计算机协会在 1966 年设立了图灵奖，这成为计算机科学领域的"诺贝尔奖"，图灵也被称为"计算机科学之父""人工智能之父"。

而人工智能正式成为一个学科被广泛研究，应该起源于 1956 年的达特茅斯会议，在两个多月的会议中科学家们讨论了用机器来模仿人类学习以及其他方面的智能这个课题。虽然会议最后没有什么实质性的结论，但是会议正式提出了一个新学科，即"Artificial Intelligence"，翻译过来就是人工智能。可以说这才是人工智能为公众所知的开始。因此，1956 年也就成为公认的人工智能元年。

第三节　人工智能的发展简史

从 20 世纪 50 年代诞生后，人工智能发展经历了三次高潮和两次低谷。

一、人工智能的诞生（20 世纪 40—50 年代）

1950 年，图灵测试。1950 年著名的图灵测试诞生，按照"人工智能之父"艾伦·图灵的定义：如果一台机器能够与人类展开对话（通过电传设备）而不能被辨别出其机器身份，那么称这台机器具有智能。同一年，图灵还预言会创造出具有真正智能的机器的可能性。

1954 年，第一台可编程机器人诞生，美国人乔治·戴沃尔设计了世界上第一台可编程机器人。

1956 年，人工智能诞生。该年夏天，美国达特茅斯学院举行了历史上第一次人工智能研讨会，被认为是人工智能诞生的标志。会上，麦卡锡首次提出了"人工智能"这个概念，纽厄尔和西蒙则展示了编写的逻辑理论机器。

二、人工智能的黄金时代（20 世纪 50—70 年代）

1966—1972 年，首台人工智能机器人 Shakey 诞生。美国斯坦福国际研究所研制出机器人 Shakey，这是首台采用人工智能的移动机器人。

1966 年，世界上第一个聊天机器人 ELIZA 发布。美

图1—2　首台人工智能机器人 Shakey

国麻省理工学院（MIT）的魏泽鲍姆发布了世界上第一个聊天机器人 ELIZA。ELIZA 的智能之处在于她能通过脚本理解简单的自然语言，并能产生类似人类的互动。

1968 年，计算机鼠标发明。美国加州斯坦福研究所的道格·恩格勒巴特发明计算机鼠标，构想出了超文本链接概念，它在几十年后成了现代互联网的根基。

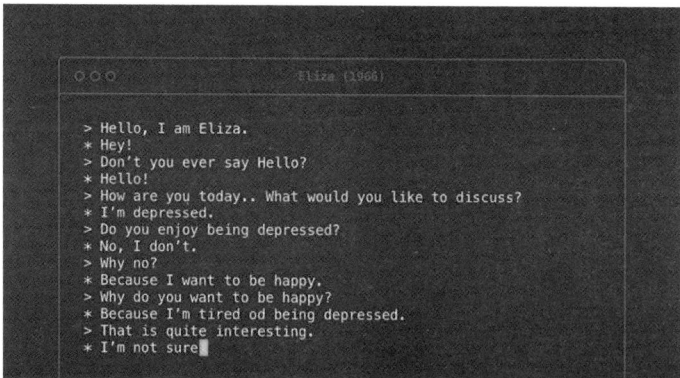

图1—3　首个聊天机器人 ELIZA

三、人工智能的低谷（20 世纪 70 年代）

20 世纪 70 年代初，人工智能遭遇了瓶颈。当时的计算机有限的内存和处理速度不足以解决任何实际的人工智能问题。要求程序对这个世界具有儿童水平的认识，研究者们很快发现这个要求太高了，1970 年没人能够做出如此巨大的数据库，也没人知道一个程序怎样才能学到如此丰富的信息。由于缺乏进展，对人工智能提供资助的机构（如英国政府、美国国防部高级研究计划局（DARPA）和美国国家科学委员会（NRC））对无方向的人工智能研究逐渐停止了资助。

四、人工智能的繁荣期（1980—1987 年）

1981 年，日本研发人工智能计算机。日本经济产业省拨款 8.5 亿美元用以研发第五代计算机项目，在当时被叫作人工智能计算机。随后，英国、美国纷纷响应，开始向信息技术领域的研究提供大量资金。

1984 年，启动 Cyc（大百科全书）项目。美国人道格拉斯·莱纳特带领团队启动了 Cyc 项目，其目标是使人工智能能够以类似人类推理的方式工作。

1986 年，3D 打印机问世。美国发明家查尔斯·赫尔制造出人类历史上首个 3D 打印机。

五、人工智能的冬天（1987—1997 年）

"AI（人工智能）之冬"一词由经历过 1974 年经费削减的研究者们创造出来。他们注意到了对专家系统的狂热追捧，预计不久后人们将转向失望。事实被他们不幸言中，专家系统的实用性仅仅局限于某些特定情景。到了上世纪 80 年代晚期，美国国防部高级研究计划局的新任领导认为人工智能并非"下一个浪潮"，拨款将倾向于那些看起来更容易出成果的项目。

六、人工智能真正的春天（1997 年至今）

1997 年，电脑深蓝战胜国际象棋世界冠军。1997 年 5 月 11 日，IBM 公司的电脑"深蓝"以 3.5 : 2.5 击败国际象棋世界冠军卡斯帕罗夫，成为首个在标准比赛时限内击败国际象棋世界冠军的电脑系统。

2011 年，使用自然语言回答问题的人工智能程序问

图1—4 IBM"深蓝"超级计算机再度挑战卡斯帕罗夫

世。沃森（Watson）作为IBM公司开发的使用自然语言回答问题的人工智能程序参加美国智力问答节目，打败两位人类冠军，赢得了100万美元的奖金。

2012年，Spaun诞生。加拿大神经学家团队创造了一

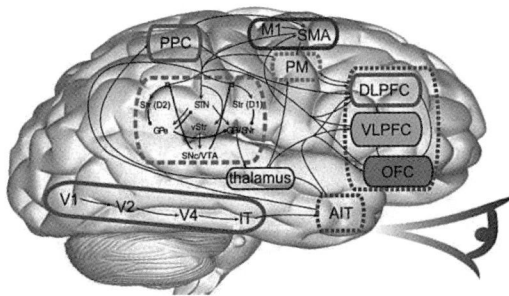

图1—5 Spaun是人工构建的虚拟大脑主体

个具备简单认知能力、有 250 万个模拟"神经元"的虚拟大脑，命名为"Spaun"，并通过了最基本的智商测试。

2013 年，深度学习算法被广泛运用在产品开发中。脸书（Facebook）人工智能实验室成立，探索深度学习领域，借此为脸书（Facebook）用户提供更智能化的产品体验；谷歌（Google）收购了语音和图像识别公司DNNResearch，推广深度学习平台；百度创立了深度学习研究院；科大讯飞成立 AI 研究院等。

2015 年，人工智能突破之年。谷歌（Google）开源了利用大量数据直接就能训练计算机来完成任务的第二代机器学习平台 Tensor Flow；剑桥大学建立人工智能研究所等。

2016 年，AlphaGo 战胜围棋世界冠军李世石。2016年 3 月 15 日，谷歌（Google）人工智能 AlphaGo 与围

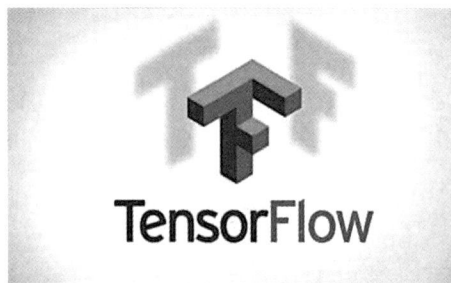

图 1—6　TensorFlow 是基于数据流编程的符号数学系统

图 1—7　谷歌人工智能 AlphaGo 战胜世界围棋冠军李世石

棋世界冠军李世石的人机大战最后一场落下了帷幕。人机大战第五场经过长达 5 个小时的搏杀，最终李世石与 AlphaGo 总比分定格在 1 比 4，以李世石认输结束。这一次的人机对弈让人工智能正式被世人所熟知，整个人工智能市场也像是被引燃了导火线，开始了新一轮爆发。

第四节　人工智能发展历程的三个阶段

一、基于符号逻辑的推理证明阶段

第一个阶段是自从 1956 年首次提出"人工智能"一词后，基于符号逻辑的推理证明阶段。50 年代末出现了第一款神经网络感知器。感知器，也可翻译为感知机，它可以被视为一种最简单形式的前馈式模仿人类大脑的人工神经网络。由此机器具备推理的功能，并且证明了《数学原理》全部 350 条定理。由于利用计算机实现逻辑推理的一些尝试取得成功，因此理论与实践效果带来了第一次神经网络的浪潮。但它的问题在于能适用的范围和解决的问题较少，没解决智能机器如何把实际问题抽象成符号逻辑，只解决了利用确定的少数规则进行逻辑推理的问题。在 AI 理论与方法工具尚不完备的初期阶段，以攻克认知作为目标，显然不切实际。因为期望值没有达到，所以大家对于人工智能的热情骤减，但是技术还是往前发展。

发展到 70 年代初，人工智能进入了第一个低潮。主要面临了三个方面的技术瓶颈。第一，计算机性能不足，导致早期很多程序无法在人工智能领域得到应用；第二，问题的复杂性，感知器模型只能处理线性分类问题，就连最简单的异或题都无法正确分类；第三，数据量严重缺失，没有足够大的数据库来支撑深度学习。这些难题并没有随着时间推移而被解决，人工智能的研究也陷入停滞。

二、基于人工规则的专家系统阶段

80 年代，专家系统和人工神经网络的兴起，为人工智能带来了第二波浪潮，将人工智能的发展带入第二个阶段——人工规则专家系统阶段。所谓专家系统，即基于特定的规则来回答特定领域的问题的程序。1964 年斯坦福大学研究了第一个专家系统 DENDRAL，能够自动做决策，解决有机化学问题。专家系统可以理解为是"知识库+推理机"组合。之后科学家们开发出了更多的专家系统，针对特定领域在商业上获得了成功应用。在巨大的商业价值的刺激下，工业界又兴起了对人工智能的热情。深度学习的前身，人工神经网络取得了革命性的进展，在 1986 年发明了反向传播算法（BP 算法），使得大规模神经网络训练成为可能。反向传播算法的出现，使得神经网络隐藏层可以学习到数据输入的有效表达，这就是神经网络乃至深度学习的核心思想。那时候的神经网络就好比上个世纪 90 年代的互联网，是一种时尚潮流。虽然专家系统暴露出应用领域狭窄、知识获取困难等问题未能取得工业级的应用，但是这一次的蓄力，为第三次的兴起和爆发奠定了基础。

在这个阶段，逻辑推理上升为专家系统、知识工程，专家可以手工构建规则或选取特征来解决一些小规模的特定问题。但是机器无法定规则，即使专家事先把规则都定好，依然会出现问题，因为专家无法估计所有的规则，或者是构造需要的所有特征和数据。同时人工神经网络的设计一直缺少相应的严格的数学理论支持，之后 BP 算法更被指出存在梯度消失问题，因此无法对前层进行有效的学习。20 世纪末，人工智能是一个负面的词，意味着做不了什么，人工智能的研究进入第二次低谷。

三、大数据驱动的深度神经网络阶段

在人工智能第二次低谷之后，科学家们显然更加理智，当然也是因为其他学科暂时吸引了他们的注意力，包括统计学习理论，支持向量机，概率图模型等，因而引出了机器学习方法的理论研究和应用。统计学习类的机器学习算法接近于新的人工智能的代表，但是由于它本身是一门数据驱动的应用学科，没有达到人工智能那样的广泛，因此大家不再叫人工智能，也降低了对它的期望，利用这些方法来做一些更加实际的问题，研究和应用方向也覆盖了计算机视觉到语音等。

　　20 世纪 80 至 90 年代出现了卷积神经网络的概念，科研人员尝试将反向传播算法应用于多层神经网络，并提出了稳定可商业应用的卷积神经网络模型 LeNet-5，它的出现意味着神经网络商用的可能性已被验证。

　　2006 年杰弗里·辛顿（Geoffrey Hinton）等人在 *Science* 期刊上发表了论文"基于神经网络的数据降维（Reducing the dimensionality of data with neural networks）"，揭开了新的训练深层神经网络算法的序幕，被认为是第三次浪潮的发源。人工智能由此进入了新阶段——大数据驱动的深度神经网络阶段。

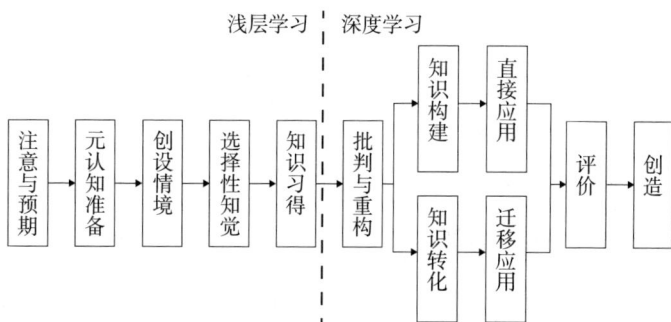

图 1—8　浅层学习和深度学习

　　为了验证新技术，科学家们开始将其应用于与其他方法以及人类进行比赛。2011 年 IBM 开发的自然语言问答计算机"沃森"在益智类综艺节目"危险边缘"中击

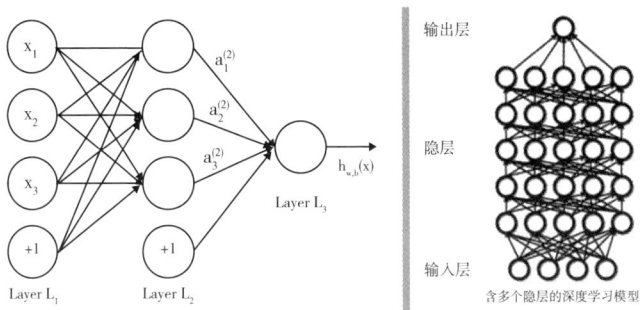

图1—9　深度学习模型

败两名前人类冠军：前两轮与对手打平，而最后一集沃森打败了最高奖金得主布拉德·鲁特尔和连胜纪录保持者肯·詹宁斯。人们惊呼，机器也会思考了吗？2016年谷歌（Google）的阿尔法围棋（AlphaGo）以4:1的成绩战胜了世界围棋冠军李世石。一年后，阿尔法围棋升级版（AlphaGo Master）与人类实时排名第一的棋手柯洁对决，最终连胜三盘。而新一代阿尔法围棋（AlphaGo Zero）利用自我对抗迅速自学围棋，并以100:0的成绩完胜前代版本。自此AI下棋再无敌手，而后以深度学习为代表的技术，引起了广泛的关注，引领了当下的热潮。

对比第二阶段，多层神经网络学习过程中的梯度消失问题被有效地抑制，网络的深层结构也能够自动提取并表征复杂的特征，避免传统方法中通过人工提取特征的问题。算法、算力、大数据共同发力，推动人工智能在语音识别、图像识别、语言处理等感知智能方面的巨大进步，切切实实地解决一大类共性问题。它的原理是，不需要像第二阶段人工地去建造很多规则、构建很多数据，深度学习能从标注的海量数据里面学习到一些规则和特征。今天只要有数据，在深度学习的网络里就可以做事情。

第五节　当前人工智能发展新趋势

在基础理论突破、信息环境支撑、经济社会需求拉动的共同作用下，人工智能呈现加速突破、应用驱动的新趋势，正在深刻影响甚至可能从根本上改变科技、经济、社会和国家安全格局，它主要表现在以下五个方面：

一、在智能水平上，感知智能日益成熟，认知智能持续突破

阅读理解、语音识别、人脸识别等感知智能技术在识别精度上已经赶上甚至超过人类水平。我国企业中科大讯飞的文字阅读理解已经超过人类水平（在认知智能行业内公认的机器阅读理解领域顶级水平测试SQUAD2.0中，

科大讯飞团队所提出的模型机器阅读理解精准匹配率达到 87.147，模糊匹配率达到 89.474，超过人类 86.831/89.452 的水平）；旷视科技人脸识别技术准确率达到 99.5%，超过人类肉眼 97.52% 的水平。在自主学习方面也开始出现新突破，新一代阿尔法围棋（AlphaGo Zero）相比阿尔法围棋（AlphaGo）更"智慧"，可以通过自主学习生成对弈策略，自己生成棋谱（约 15000 万）数据进行训练。

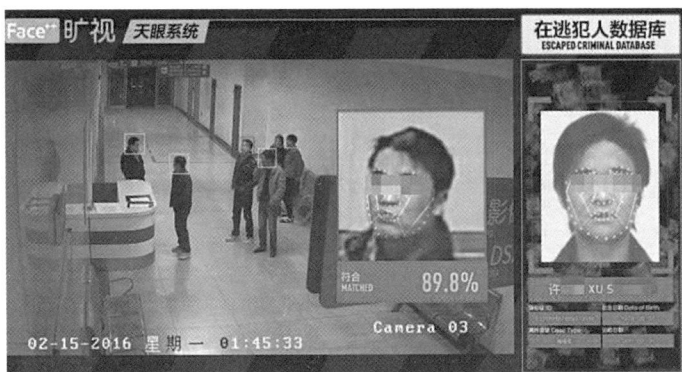

图 1—10　旷视科技天眼系统利用了人脸识别技术，追查在逃犯人

二、在技术路线上，数据智能成为主流，因果推理方兴未艾，类脑智能蓄势待发，量子智能加快孕育

大数据＋深度学习是主流智能计算范式，已经在各行各业发挥巨大的作用，但是离强人工智能还是有很大的

距离。目前人工智能的硬件基础是经典计算机，计算能力依然受限，机器学习算法仍然没有突破基于数理统计的框架，如果这个载体彻底更换，可能为强人工智能带来新的机会。第一条可能的技术路线是因果推理，突破数据的相关性而追求数据的因果关系；第二条可能的技术路线是类脑计算，进一步研究人脑怎样工作；第三条可能的技术路线是量子计算机，这些都需要新机器学习算法的突破。

三、在智能形态上，人机融合成为重要方向，人工智能正在朝着跟人类更加融合、互动的方向发展，涌现出几类新的智能形态

第一类，大数据智能。从当前的大数据驱动转向数据和知识共同驱动的方式。第二类，跨媒体推理。处理单一数据，如视觉、听觉、文字等，迈向跨媒体认知、学习和推理，转化为智能处理。第三类，人机混合智能。弱人工智能时期，机器有很多解决不了的问题，需要人机协同解决。第四类，群体智能。现阶段研究的是单体智能体，后续需要从聚焦个体智能到基于互联网的群体智能的研究。第五类，自主无人系统。将研究机器人的理念转向更加广阔的智能自主系统，比如自动驾驶、机器人等。

四、人工智能应用驱动加速推进，经济社会巨大潜力逐步显现

当下人工智能广泛应用，龙头领军企业发挥了重要的引领推动作用。全球人工智能领军企业相继推出了自己的平台，国外的谷歌、微软，国内的科大讯飞、百度，都先后推出了人工智能开放平台，赋能各行各业，促进智能化发展。劳动生产率有望大幅提升，运营和研发成本将会显著降低。新产品加速进入市场，提高工作效率，降低成本，这是人工智能带来的实实在在的好处。总体经济规模将继续扩大，麦肯锡认为，到 2030 年人工智能将使全球 GDP 每年增加 1.2%左右，新增经济总量 13 万亿美元。

五、人工智能的社会属性日益凸显，面临安全风险与社会治理新挑战

国家安全和个人隐私将面临最严峻的挑战。美国兰德公司发布的报告称，人工智能可能成为新的战略威胁力量，颠覆核威慑战略的基础。英国机构"剑桥分析"通过推送个性化定制的资讯左右和控制公众的认知和判断，操

控美国大选和干预英国脱欧公投。自动驾驶汽车、智能机器人等也可能遭黑客入侵，从服务人类的工具变成危害人类的杀人机器，威胁人类社会安全。智能金融系统高频交易和量化交易的偏差，可能会影响金融和经济安全。黑客对智能系统的攻击可能对个人隐私、生命财产和社会稳定造成危害。

就业结构将受到最直接的冲击。简单性、重复性、危险性的工作将被大幅替代，新的就业机会不断出现。据世界经济论坛研究，未来五年 7500 万份工作将被机器替代，同时产生 1.33 亿个新的工作岗位，净增工作岗位5800 万个。不过，这对劳动者素质和能力提出更高要求，可能进一步形成新的社会分化效应。

社会伦理将受到最深远的影响。智能手机和智能娱乐的快速发展，虚拟现实和增强现实技术的普及应用，人工智能助手、情感陪护机器人、人机混合体等的渗透，可能深刻改变传统的人际关系、家庭理念、道德观念等。

第六节　世界大国的人工智能战略部署

人工智能已经成为国际竞争的新焦点，发达国家把发展人工智能作为提升国家竞争力、维护国家安全的重大战略，正在加紧出台规划和政策，力图在新一轮国际竞争中掌握主导权，主要表现在从国家战略层面强化人工智能布局，竞相加大人工智能的研发投入，组建新的人工智能研发机构，加紧推动人工智能治理体系的建设等四个方面。

一是从国家战略层面强化人工智能布局。美国围绕人工智能研发和国家安全，陆续出台《国家人工智能研发战略规划》等相关战略和政策，力图巩固其世界领先优势；法国发布《国家人工智能战略》，着力推动健康、交通、环境、国防安全等领域的智能化；德国通过《联邦政府人工智能战略要点》，提出要将德国建设成为全球领先的人工智能科研场，实现人工智能德国造；英国发布《机器人及人工智能发展愿景》，从数据获取、人才培养、科技研发和产业应用等方面打造人工智能强国。

我国的人工智能产业发展也已上升到国家战略。2017年3月，人工智能首次被写入《政府工作报告》中；当年7月，国务院印发了《新一代人工智能发展规划》；当年10月，党的十九大报告明确提出要"推动互联网、大数据、人工智能和实体经济深度融合"；2018年10月，中共中央政治局就人工智能发展现状和趋势举行第九次集体学习，强调推动我国新一代人工智能健康发展。

二是竞相加大人工智能的研发投入。全球人工智能创业公司 2017 年的融资总额达到 152 亿美元。美国国防部 2018 年宣布未来 5 年投入 20 亿美元支持人工智能研究；欧盟计划到 2020 年投资至少 200 亿欧元；法国将于 2022 年之前投资 15 亿欧元。

三是组建新的人工智能研发机构。美国国防部宣布建设人工智能联合中心，开发下一代人工智能技术；欧洲计划建立一所世界级人工智能研究所，在英国等多个欧洲国家设立科研中心；法国提出新建人工智能中心，并组建人工智能研究网络；各大人工智能跨国公司和领军企业也在全球加快布局人工智能研发中心。

四是加紧推动人工智能治理体系的建设。联合国专门成立了人工智能与机器人中心，研究人工智能的管控问题；美国国会建议成立人工智能安全委员会，负责对人工智能、机器学习的发展和相关技术开展审查；欧盟签署《人工智能合作宣言》等，应对人工智能在伦理、法律等方面的挑战。

各科技先进地区及国家重点举措如下：

一、中国：覆盖广泛的研究和应用领域

中国已经成为全球第二大经济体，同样不容忽视的是，在人工智能研发和商用人工智能产品方面，中国正在缩小和美国的差距，现在已经是全球人工智能"两巨头"之一。主要成就包括：中国全球人工智能研究论文发表和引用世界第一；AI 专利中世界第一；AI 风险投资中世界第一；AI 公司数量世界第二；AI 人才世界第二。

这一切都离不开国家对人工智能发展的高度重视与战略布局。2015 年 5 月，中国政府推出《中国制造2025》，以成为制造强国为目标，明确了 9 项战略任务与重点，提出 8 个方面的战略支撑与保障。

2016 年 8 月，国务院发布《"十三五"国家科技创新规划》，明确人工智能作为发展新一代信息技术的主要方向。

2017 年 7 月，国务院颁布《新一代人工智能发展规划》，该计划是所有国家人工智能战略中最为全面的，包含了研发、工业化、人才发展、教育和职业培训、标准制定和法规、道德规范与安全等各个方面的战略，目标是到2030 年使中国人工智能理论、技术与应用总体达到世界

领先水平，成为世界主要人工智能创新中心。

有评论指出，2017 年 7 月国务院发布的《新一代人工智能发展规划》，与 2015 年 5 月发布的《中国制造2025》一道，形成了中国的 AI 战略的核心。这两份文件，以及更普遍意义上的人工智能问题，得到了中国最高领导层的持续关注。中央及地方政府为实施这些计划更是在加大资金投入。

中国的人工智能战略覆盖了广泛的研究和应用领域，力图实现人工智能产业的全面发展。中国聚焦人工智能基础理论和关键技术，同时支持对人工智能交叉学科的研究。在应用领域，中国关注人工智能在农业、金融、制造、交通、医疗、商务、教育、环境等领域的应用。

中国的人工智能公司同样引人关注。例如，商汤毫无疑问是计算机视觉 AI 领域的全球领导者之一，并宣布连续三年实现了 400％的年收入增长。大疆（DJI）是另一个例子，它占据了全球 74％的市场份额，在世界消费无人机领域处于领先地位，大疆创新地将机器学习技术融入其最新产品中。科大讯飞在中文等语音及语言核心技术上具有突出优势，在众多第三方对比测试与选型中保持全面领先。

二、美国：布局互联网、芯片与操作系统等计算机软硬件

人工智能迅速发展时期，美国两任总统对待人工智能的态度及策略重点有所不同。比较而言，奥巴马积极，特朗普慢热。

奥巴马十分关注人工智能相关领域的科技发展、市场应用与前沿政策问题。

2016 年 10 月，奥巴马在与匹兹堡大学和卡内基梅隆大学联合举办的白宫前沿会议上就人工智能的未来发表公开演说，阐述其对未来人工智能研究愿景的设想。

同年 10 月，白宫科技政策办公室（OSTP）国家科学技术委员会（NSTC）发布《为人工智能的未来做准备》以及《国家人工智能研究与发展战略计划》两份重要报告，正式将人工智能上升到国家战略层面。这两份报告，前者探讨了人工智能的发展现状、应用领域以及潜在的公共政策问题；后者提出了美国优先发展的人工智能七大战略方向及两方面建议。

2016 年 12 月，美国白宫发布《人工智能、自动化与经济》报告，深入考察人工智能驱动的自动化将会给经济

带来的影响并提出了国家的三大应对策略。

特朗普上任初期，政府对人工智能反应较为冷淡，但情况正在逐渐改变。目前，美国政府对奥巴马时期的人工智能发展战略进行了一些转变与升华，开始寻求一种截然不同的、自由市场导向的 AI 战略。

2018 年 5 月，白宫举办人工智能峰会，邀请业界、学术界和政府代表参与，并成立了人工智能特别委员会，以增加联邦政府在人工智能领域的投入，努力消除创新与监管障碍，提高人工智能创新自由度与灵活性。特朗普政府特别强调了 AI 在国防安全领域的影响。

总体而言，美国两任总统在人工智能领域的发力点有所不同，但总体来说其焦点在于如何面对人工智能全面发展的大趋势，着眼对国家安全与社会稳定的长期影响与变革。

美国重点布局互联网、芯片与操作系统等计算机软硬件、金融领域、军事以及能源等领域，目的是保持其全球的技术领先地位。美国在整体的人工智能规划中，力图探讨人工智能驱动的自动化对经济的预期影响，研究人工智能给社会就业带来的机遇和挑战，进而提出相应计划与措施应对相关影响。

此外，美国也是历史上第一个在财政预算中将人工智能、自主和无人系统作为研发优先事项的国家。国防部以及 DAPRA 等机构密集部署 AI 研发，"算法战跨职能小组""联合人工智能中心"成为美国开发人工智能军事应用的大前锋，面部识别、无人机扫描、外骨骼装置等可穿戴系统已在国土安全领域展开了实际应用。

三、欧盟：注重人工智能的基础研究及对人类社会的影响

欧盟在推动人工智能发展中可谓不遗余力。从 2014 年起，欧盟围绕人工智能的相关政策相继出台。

2014 年，欧盟委员会发布了《2014—2020 欧洲机器人技术战略》报告以及《地平线 2020 战略——机器人多年发展战略图》，旨在促进机器人行业和供应链建设，并将先进机器人技术的应用范围拓展到海陆空、农业、健康、救援等诸多领域，以扩大机器人技术对社会和经济的有利影响，提高生产力，减少资源浪费，希望在 2020 年欧洲能够占据世界机器人技术市场的 42%以上，以此保持欧洲在世界的领先地位。

2016 年 5 月，欧盟议会法律事务委员会发布《对欧盟机器人民事法律规则委员会的建议草案》。同年 10 月，

该委员会又发布《欧盟机器人民事法律规则》，积极关注
人工智能的法律、伦理、责任问题，建议欧盟成立监管机
器人和人工智能的专门机构，制定人工智能伦理准则，赋
予自助机器人法律地位，明确人工智能知识产权等。欧盟
在人工智能伦理与法律的研究上已走在世界前列，成为当
之无愧的排头兵。

2018 年 4 月，欧盟委员会发布政策文件《欧盟人工
智能》。该报告提出欧盟将采取三管齐下的方式推动欧洲
人工智能的发展：增加财政支持并鼓励公共和私营部门应
用人工智能技术；促进教育和培训体系升级，以适应人工
智能为就业带来的变化；研究和制定人工智能道德准则，
确立适当的道德与法律框架。

2018 年 12 月，欧盟委员会及其成员国发布主题为"人
工智能欧洲造"的《人工智能协调计划》。这项计划除了
明确人工智能的核心倡议外，还包括具体的项目，涉及开
发高效电子系统和电子元器件，为人工智能应用设计的电
脑芯片、世界级电脑以及量子技术和人脑映射领域的核心
项目。

欧盟作为拥有欧洲 27 个成员国的大联盟，在发展人
工智能的道路上，积极团结成员国展开讨论。相对于美国
和中国主张技术发展的战略而言，欧盟更加注重人工智能

对人类社会的影响，其研究内容涉及数据保护、网络安全、人工智能伦理等社会科学方面，目前也投入了大量精力与资金开展数字技术培训和电子政务相关研究。

在应用领域，欧盟十分关注人工智能基础研究，以及人工智能在金融经济、数字社会和教育等领域的应用。总体而言，在技术和产业不占特别优势的情况下，欧盟人工智能战略的重头戏放在了人工智能价值观上，强调人工智能伦理、道德、法律体系研究，积极推进人工智能伦理框架的确立。

1. 德国：具有强大的"工业 4.0"基础

德国是最先提出"工业 4.0"的国家，具有高度的前瞻性。在发展人工智能的道路上，也比较积极。

2011 年，德国推出"工业 4.0"国家战略，这是一个革命性的基础性的科技战略，拟从最基础的制造层面上进行变革，从而实现整个工业发展质的飞跃。"工业 4.0"囊括了人工智能、机器人等领域的诸多相关研究与应用。

2014 年，德国发布《新高科技战略》，提出推动协同创新与技术转移，扩大产学研合作，支持中小企业创新等举措，以稳固德国在科技和经济领域的领先地位，并成为创新世界领导者。

2018 年 7 月，德国联邦政府发布《联邦政府人工智能战略要点》文件，要求联邦政府加大对人工智能相关重点领域的研发和创新转化的资助，加强同法国人工智能合作建设、实现互联互通；加强人工智能基础设施建设，以将该国对人工智能的研发和应用提升到全球领先水平。

依托其工业 4.0 计划，德国将人工智能的重点集中在人机交互、机器人自主学习、可穿戴、大数据分析、计算机视觉、语义技术、高性能技术以及信息物理系统等方面。在应用方面，德国着力发展自动驾驶、智慧城市、农业、医疗、能源等领域。

2. 法国：后发动力强劲

法国在人工智能发展大潮流中属于后发的强劲队伍行列。面对美、日、英、中等国家在人工智能领域的持续发力，法国担忧被甩在队伍之后，开始了积极布局，追赶人工智能洪流。

2013 年，法国政府推出了《法国机器人发展计划》，旨在创造有利条件，推动机器人产业持续发展，并实现"到 2020 年成为世界机器人领域前五强"的目标。

2017 年 3 月，奥朗德政府时期，法国制定了《国家人工智能战略》，对发展人工智能的具体政策提出了 50 多项建议，包括完善科研成果商业化机制，培养领军企业、扶持新兴企业，加大公私合作、寻求大量公私资金资助，给予国家政策倾斜并建立专门执行机构等，以动员全社会力量共同谋划促进人工智能发展，确保法国保持领先地位。

2018 年 3 月，法国总统马克龙公布了《法国人工智能发展战略》，将重点结合医疗、汽车、能源、金融、航天等法国较有优势的行业来研发人工智能技术，并宣布到 2020 年将投资 15 亿欧元用于开发人工智能研究，为法国人工智能技术研发创造更好的综合环境。

法国的人工智能发展战略注重抢占核心技术、标准化等制高点，重点发展大数据、超级计算机等技术。在人工智能应用上，关注健康、交通、生态经济、性别平等、电子政府以及医疗护理等领域。法国对人才培养和基础研究方面也非常重视，另外，作为欧盟成员国，法国十分赞同欧盟对人工智能伦理开展研究的做法，也在积极部署开展相关工作，探索解答人工智能带来的伦理性和政治性问题。

3. 英国：老牌工业强国底蕴深厚

英国大概是欧洲推动人工智能发展最积极的国家，也一直是人工智能的研究学术重镇。

2016 年 10 月，英国下议院科学和技术委员会发布《机器人技术和人工智能》报告，阐述人工智能的创新发展带来的潜在伦理道德与监管挑战，侧重阐述了英国将会如何规范机器人技术与人工智能系统的发展，以及如何应对其带来的伦理道德、法律及社会问题。

2016 年 11 月，英国政府科学办公室发布了《人工智能：未来决策的机会与影响》报告，阐述了人工智能对个人隐私、就业的影响，并指出人工智能在政府层面大规模使用的潜在可能性，就如何利用英国的独特人工智能优势，增强英国国力提出了建议。

2017 年 10 月，英国政府发布了《在英国发展人工智能》报告，对当前人工智能的应用、市场和政策支持进行了分析，从数据获取、人才培养、研究转化和行业发展四方面提出了促进英国 AI 产业发展的重要行动建议。该报告被纳入英国政府 2017 年《政府行业策略指导》白皮书中，成为英国发展人工智能的重要指引。

2018 年 4 月，英国政府发布了《人工智能行业新政》报告，涉及推动政府和公司研发、STEM 教育投资、提升数字基础设施、增加 AI 人才和领导全球数字道德交流等方面内容，旨在推动英国成为全球 AI 领导者。

英国作为老牌的工业大国，在工业革命的时候曾引领全世界，在人工智能的问题上，同样布局颇为深远。英国将大量资金投入人工智能、智能能源技术、机器人技术以及 5G 网络等领域，更加注重实践与实用，已在海域工程、航天航空、农业、医疗等领域开展了 AI 技术的广泛应用。同时，英国发展人工智能的另一特点是注重人工智能人才的培养，在这一方面可谓出手不凡，斥巨资吸引、培养 AI 人才。

四、日本：实现人工智能技术与各行业领域的对接

日本政府和企业界非常重视人工智能的发展，不仅将物联网、人工智能和机器人作为第四次产业革命的核心，还在国家层面建立了相对完整的研发促进机制，并将 2017 年确定为人工智能元年。虽然相对于中美而言，日本在以烧钱著称的人工智能和机器人行业的资金投入并不算高，但其在战略方面的反应并不迟钝。

2015 年 1 月，日本政府公布了《机器人新战略》，拟通过实施五年行动计划和六大重要举措达成三大战略目标："世界机器人创新基地""世界第一的机器人应用国家""迈向世界领先的机器人新时代"，使日本实现机器人革命，以应对日益突出的社会问题，提升日本制造业的国际竞争力，获取大数据时代的全球化竞争优势。

2016 年，日本提出"社会 5.0"战略，将人工智能作

为实现超智能社会的核心，并设立"人工智能战略会议"，进行国家层面的综合管理。

2017 年 3 月，日本 AI 技术战略委员会发布《人工智能技术战略》报告，阐述了日本政府为人工智能产业化发展所制定的路线图，包括三个阶段：在各领域发展数据驱动人工智能技术应用（2020 年完成一二阶段过渡）；在多领域开发人工智能技术的公共事业（2025—2030 年完成二三阶段过渡）；连通各领域建立人工智能生态系统。

日本一直以来都是亚洲制造强国，尤以名列世界前茅的机器人产业而独享美誉。日本已经在机器人、脑信息通信、语音识别、大数据分析等领域投入了大量科研精力。

日本的人工智能战略主张人工智能技术与各领域实现对接，在工业、农业、医药业、物流运输、智能交通等行业落实应用。日本希望通过大力发展人工智能，保持并扩大其在汽车、机器人等领域的技术优势，逐步解决人口老龄化、劳动力短缺、医疗以及养老等社会问题。由此可见，日本的人工智能研发与应用，既保持了日本社会的传统文化特点，也显示了日本政府解决社会问题的决心与方法。

五、韩国：注重对人工智能人才和企业的培育

韩国政府对人工智能发展非常重视，大力扶植人工智能产业及相关企业，重点布局物联网、云端、大数据、语音识别等领域。在人工智能应用方面，韩国关注人工智能技术在金融、医疗、智慧城市、交通等领域的实际应用。但韩国已认清的事实是其在人工智能专业知识储备、人才培养、专利等方面，与其他国家差距较大，因而，政府出台的政策更加注重对人才的培养，注重对人工智能企业的培育，具有很强的针对性。

韩国政府为大力扶植人工智能产业及相关企业，已出台多项政策。2016 年 3 月，韩国政府宣布人工智能"BRAIN"计划，以破译大脑的功能和机制，开发用于集成脑成像的新技术和工具，并宣布了在人工智能领域投资 30 亿美元的五年计划。

2016 年 8 月，韩国政府确定九大国家战略项目，包括人工智能、无人驾驶技术、轻型材料、智慧城市、虚拟现实（VR）、精细粉末（FINEDUST）、碳资源、精密医疗和新型配药。其中，人工智能最引人关注，韩国政府目标是在 2026 年前将人工智能企业数量提升至 1000 家，并

培养 3600 名专业人才，争取 10 年后韩国人工智能技术水平赶超发达国家。

2018 年 5 月，韩国政府制定了《人工智能发展战略》，将从人才、技术和基础设施三方面入手，计划在 2020 年前新设 6 所人工智能研究生院，推动人工智能技术发展，追赶人工智能世界强国。

六、印度：强调人工智能的实用性

印度在莫迪总理上台后，不断大力推动科技创新与发展，在人工智能领域更是铆足了劲儿，不甘落后掉队。

凭借移动互联网技术与软件技术发展迅速，已经有越来越多的欧美调查报告与战略评估，开始把印度和中国并列，甚至认为未来可能出现中美印人工智能三强争霸的局面。但印度在人工智能国家战略层面仍处于落后位置。

2018 年 5 月，印度政府智库发布《国家人工智能战略》，旨在实现"AI for all"的目标。该战略以"AI 卓越研究中心"（CORE）与"国际 AI 转型中心"（ICTAI）两级综合战略为基础，投资科学研究，鼓励技能培训，加快人工智能在整个产业链中的应用，最终实现将印度打造为人工智能发展模本的宏伟蓝图。

印度将重点放在云计算、5G、机器学习、大数据等技术的发展上。同时，印度强调人工智能的实用性，期望在健康护理、农业、教育、智慧城市和基础建设与智能交通等领域看到人工智能所带来的实际变化。印度在人工智能的发展大潮中，信心不比决心小，力图在印度建立起人工智能生态系统，从而不仅仅要赶上，而是要大步跨越地进入人工智能驱动的未来。

七、俄罗斯：偏向人工智能技术在军事和国防领域的应用

俄罗斯非常重视人工智能发展，上至总统下至业界，正在狂热地推动俄罗斯的学术和工业资源在人工智能领域的发展。2017年，普京总统就曾公开表示"人工智能是人类的未来，而掌握它的国家将统治世界"，足见人工智能在这位"战斗民族"总统心中的重要性。俄罗斯更偏向于发展和资助人工智能技术在军事与国防领域的应用。

2019年俄罗斯国防部宣布了一项"机器人技术设计师"竞赛，特别关注大数据技术、机器视觉和机械制造，

旨在开发人工智能。国防部成立的先进技术研究基金会（Foundation Of Advanced Studies）强调发展图像识别、语音识别、自主军事系统控制以及武器生命信息支持等人工智能技术。从举行剑指技术信息发展的讨论会、机器人设计大赛，到呼吁民间专家加入军方研究，俄罗斯正以举国之力筹划人工智能在军事领域的研发。

　　总体来看，世界各国的整体 AI 技术水平、数据资源、法律法规都存在很大差异，各自的资源禀赋也不尽相同，因此各国 AI 政策的关注焦点、预期目标都各具特色。其中，美国、中国拥有最优秀的 AI 研究人员和海量的数据资源，成为发展人工智能技术的圣地，两国的人工智能政策也较为全面，旨在通过人工智能的发展提升制造、交通、医疗、农业和金融等各领域。欧洲科技强国在 AI 高端人才、数据资源方面并无优势，反而将研究重心转向了人工智能的伦理道德和标准制定，力争在人工智能发展浪潮中取得一席之地。俄罗斯延续了"战斗民族"的风格，偏向人工智能在军事和国防领域的应用。日本、韩国在机器人、汽车、半导体、消费电子等领域产业优势明显，两国的人工智能战略均强调 AI 在上述领域的实际应用与产品落地。相较而言，印度在 AI 技术水平、数据资源和产业资源上都没有优势，该国的 AI 战略主要强调实用性，目的是通过人工智能的发展驱动基础设施建设、交通、医疗和教育等方面的进步。①

第七节　人工智能的中国机会

当前正处于第三、第四次工业革命的交接期。回顾工业革命的历史，第一次和第二次工业革命主要解放的是人的体力，而从 20 世纪四五十年代开始的第三次工业革命则实现了从体力解放到脑力解放的大跨越。人工智能技术驱动的第四次工业革命正以势不可挡的力量席卷而来。新技术带来的新工艺、新产品、新应用，不但让生产模式发生改变，也要求生产管理、组织方式进行变革；而新科技所导致人们行为方式、生活模式的改变，以及人与人之间关系的不同，则需要对过去的制度、法律法规做出修正，或者制定新的规则。人工智能将为我国带来巨大的前景与挑战。

---

① 科技智囊杂志：《世界主要国家在人工智能领域的战略布局》，手机搜狐网，2019 年 7 月 15 日。

一、我国人工智能理论和技术持续积累，在部分领域研发和应用取得了重要突破

1. 人工智能基础理论快速沉淀。国内学者在问题求解、演化计算、模式识别、专家系统、智能控制等经典人工智能领域多有建树，在新兴的深度学习理论方面开展了大量研究，在类脑计算方面加强布局，类脑芯片、类脑计算系统、类脑应用等取得积极进展。

2. 人工智能部分关键技术跻身世界先进水平。我国在中文信息处理、生物特征识别、机器翻译、智能处理器、自动驾驶和智能机器人等技术方向上紧跟世界前沿，特别是在语音识别、人脸识别等方面居世界领先地位。

3. 人工智能加速与各行各业融合发展。在智能制造、智能医疗、智慧城市、智慧物流、智慧法院等领域，我国人工智能加速与行业的融合，已有巨大的发展。

4. 有利于人工智能发展的创新生态初步构建。构建国家级开放创新平台，大力推动我国企业人工智能的应用落地。2017 年 11 月 15 日，科技部召开新一代人工智能发展规划暨重大科技项目启动会，在会议上宣布了首批国家新一代人工智能开放创新平台名单：依托百度公司建设

自动驾驶国家新一代人工智能开放创新平台、依托阿里云公司建设城市大脑国家新一代人工智能开放创新平台、依托腾讯公司建设医疗影像国家新一代人工智能开放创新平台、依托科大讯飞公司建设智能语音国家新一代人工智能开放创新平台。

5. 我国在全球人工智能领域占有重要位势。从国际上看，我国人工智能已经跻身世界重要领军行列。特别是我国的应用已经走在世界前列，应用领域之广、产业渗透之深，是世界少见的。我国人工智能企业的数量全球第二，已经成为全球人工智能投融资规模最大的国家，我国人工智能企业的社会融资占全球的48%。在前沿基础研究上，2017年我国人工智能论文总量居世界第一。我国人工智能的专利数量也略领先美国和日本。

二、我国人工智能发展具备一定的优势条件

当前全球新一代人工智能发展总体上仍处于初级阶段，技术路线、商业模式、产业形态还有很大的不确定性，世界主要国家都在探索，都有机遇和空间。我国不仅在技术上持续快速积累，而且在战略政策、数据和市场应用上有很多的优势，将成为人工智能实现跨越发展创造的

重要条件。

1.强有力的战略引领和政策支持。国家层面发布实施了《新一代人工智能发展规划》，形成了我国人工智能发展的系统部署。规划发布以后，各部门和地方积极推动落实，相继出台多项举措。北京、上海等近 20 个省（市）出台了人工智能规划和行动计划，纷纷加大研发投入，设立研发机构，制定人才引进、财税优惠等配套政策，带动企业加快智能化步伐，产学研推进人工智能发展的格局正在形成。

2.海量的数据资源。我国的互联网数据资源快速增长，拥有全球最多的 7.5 亿网民和 7.2 亿手机用户，网民使用网络购物的比例超过 55%，手机支付规模达到 5.27 亿人。

3.丰富的应用场景。第一，我国具有全球规模最大、最成熟的互联网应用市场，人工智能在互联网领域的应用空间很大；第二，我国是制造业大国，各细分领域都面临转型升级，对人工智能应用有巨大需求；第三，我国新型城镇化加速推进，城镇规模不断扩大，利用人工智能改进城市基础设施、提升城市治理水平潜力巨大；第四，我国人口规模世界第一，老龄化问题日益突出，居民收入水平不断提升，消费结构加快升级，对医疗、教育、养老等智能化产品服务需求迫切。

4.具有潜力的青年人才快速成长聚集。国家自然科学基金加大对青年人才的支持，很多学校开始建立人工智能学院，海外归来的青年学者大幅度增加。在与人工智能相关的国际顶级会议和学术期刊里，我国的青年学者已经成为最活跃的群体之一。青年领衔的人工智能独角兽公司也在不断增加。

三、我国人工智能发展同时存在薄弱环节

在肯定优势的同时，还必须清醒地认识到我国人工智能发展的薄弱环节：

1.人工智能基础理论和原创算法差距较大。我国人工智能研究起步比较晚，原创性工作还是不如发达国家。近年来各国加快人工智能理论创新探索，模型和方法不但有新的突破，包括近几年出现的深度学习模型、生成对抗网络等新的重大成果和原创性理论贡献，仍以西方国家为主。

2.高端芯片、关键部件、高精度传感器等方面基础薄弱。在图形处理器、专用集成电路等方面，欧美国家还是占据垄断地位。在智能感知和智能行走方面，美国波士

顿动力公司的人形机器人产品（Atlas）在融合上达到新的高度。在人工智能芯片方面的投资规模，美国还是遥遥领先。

3.没有形成具有国际影响力的人工智能开源开放平台。国际巨头纷纷建立人工智能开源开放平台，打通硬件、系统、产业链条，主导建设创新生态。我国在面向特定应用领域已经陆续建立了国家级人工智能开放平台，比如无人驾驶、智慧城市、医疗图像、语音识别等方面已经有一些通用的开源开放平台，但在机器学习等通用开源算法平台方面布局不够，且对产业链的带动性和国际影响力不足。

4.高水平人才不足成为最大瓶颈。人才在人工智能方面尤其重要。我国的人工智能人才在 2017 年底约 18000人，仅次于美国。但是高水平的人才比较少，不足美国的五分之一。大部分领军人才都是从海外回来的，本土培育的高水平人才严重缺乏。

在未来三五年内，人工智能的应用将快速提升，将进一步改变世界。人工智能广泛渗透应用，给各行各业赋能已成大势，我们要拥抱这种趋势。一方面我们要把握人工智能跃迁的重大机会窗口，针对我国原创理论基础薄弱、重大系统平台缺失的突出问题，面向中长期持续加强研发攻关。另一方面，密切结合当前人工智能应用驱动的显著特征，依托我们在大数据、应用场景、政策环境等方面的巨大优势，大规模推动人工智能的深度融合。通过科技引领和应用驱动的双向发力，实现我国人工智能在理论上尽快补上短板，技术上自主可控，产业上占领制高点，全面增强经济创新力和国际竞争力。我国发展人工智能既有很好的基础和优势，也面临巨大的挑战，需要探索一条符合国情的发展道路，建议坚持科技引领、应用驱动的战略导向，以促进人工智能与经济、社会、国防融合为主线，以提升科技创新能力为主攻方向，全面推动人工智能。

※　第 二 章　※

人工智能与政府治理

政府治理现代化是推进国家治理体系和治理能力现代化的重要内容，必不可少、不容忽视。当前正值世界百年未有之大变局，我国正处于全面建成小康社会决胜之期，面临不少风险和挑战。这就要求各级政府坚持解放思想、实事求是和改革创新，顺应时代发展潮流，推进政府治理现代化。2020 年庚子年春节新冠肺炎疫情突如其来，席卷全国，正呈现出全球化蔓延趋势。社会公众通过"居家抗疫"等方式防控新冠肺炎疫情，也在分析这次疫情背后的教训和经验，通过观察国内外各地防控疫情比较政府治理能力和水平。重大公共突发事件，是对各地政府治理体系和能力水平的考验。面向未来，只有切实提升政府治理能力（包括政府公务员专业化治理能力），推进政府治理体系和政府治理能力现代化，才能有效应对重大风险的冲击和挑战。

第一节　政府治理现代化是国家治理现代化
　　　　的重要组成

2019 年，党的十九届四中全会通过的《坚持和完善中国特色社会主义制度　推进国家治理体系和治理能力现代化若干重大问题的决定》(以下简称《决定》)，为优化国家治理、政府治理提供了顶层设计和理论指导。《决定》对于坚持和完善中国特色社会主义制度提出了 13 个重点方向和领域；其中，明确提出要坚持和完善中国特色社会主义行政体制，构建职责明确、依法行政的政府治理体系。

一、行政体制和政府治理体系具有较大完善空间

《决定》把坚持和完善中国特色社会主义制度进行了层次性划分，分为根本制度、基本制度、重要制度。根本制度包括党的集中统一领导制度和全面领导制度；人民代表大会制度是我国的根本政治制度；马克思主义在意识形

态领域指导地位的制度；党对人民军队的绝对领导等。基本制度包括政治领域的中国共产党领导的多党合作和政治协商制度、民族区域自治制度、基层群众自治制度三大基本政治制度；经济领域的公有制为主体、多种所有制共同发展，按劳分配为主体、多种分配方式并存，社会主义市场经济体制等三大基本经济制度。重要制度，是由根本制度和基本制度派生而来的、国家治理各领域各方面各环节的具体的主体性制度。相比较于根本制度、基本制度，重要制度的发展具有显著的双重性，既需要坚持和巩固，也需要完善和发展。作为重要制度的主要范畴和领域，行政体制和政府治理体系在坚持和巩固的基础上具有较大的创新和完善空间，在国家治理现代化进程中要不断地完善和发展。

从政府治理体系内部结构关系看，政府治理对社会治理、市场治理、基层治理等国家治理体系各子系统的建设具有牵引作用。从定义上看，政府治理实质是政府自我管理、政府治理市场和政府治理社会的统一体（见图2—1）。政府治理体系和治理能力现代化，必然带动社会治理、市场治理的现代化。从优化政府职责体系看，政府治理涵盖"完善政府经济调节、市场监管、社会管理、公共服务、生态环境保护"等职能，覆盖面宽。政府治理现代化，必然有利于有效实现政府履职的现代化，全面提高经济社会各方面治理水平。

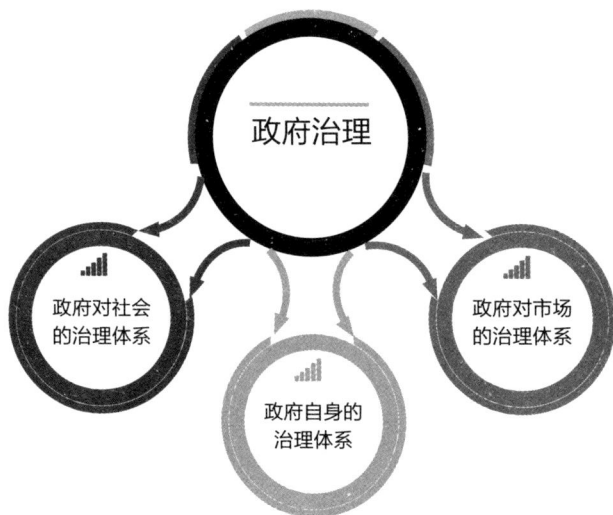

图2—1　政府治理体系的范围①

二、人工智能为完善政府治理体系提供新机遇

和传统社会的政府治理相比，在新时期，现代社会政府治理的一个显著特征表现为政府要不断适应科技发展，创新治理模式。随着人类社会进入信息化时代，科技

————————

① 本图由作者整理、自制而成。

进步日新月异，政府的治理模式也不断发生深刻变化。从最初的电子政府（E-government），相继衍化为移动政务（Mobile Government）、开放政府（Open Government）、数字政府（Digital Government）、智能化政府（Smart-Government，或称"智慧政府"）等（参见表2—1）。支撑不同时代的政府治理模式的工具和手段在形态上是不同的，现代化政府治理模式需要现代化政府治理技术和手段予以支撑。

表2—1　人类社会各发展阶段及其对应的政府治理模式演变[①]

社会阶段	治理模式	表现形态
前互联网时代	科层式治理	金字塔式组织结构，以管控为主
互联网时代	网络治理	以电子政务为主要表现手段
移动互联网、大数据时代	数字治理	以政务移动办理、便民一网通等为代表
人工智能时代	智能治理	以人工智能技术为代表，可以替代人员去感知、交互和辅助决策

当前，人工智能浪潮正以前所未有的迅猛势头席卷

---

① 本表由作者整理、自制而成。

全球，各国政府也纷纷从战略上布局人工智能，大力推进人工智能战略实施。"随着 20 世纪 90 年代以后，特别是 1993 年到 2011 年，计算力和数据量的大幅度提升，人工智能技术获得进一步优化；至今，数据量、计算力的大幅度提升，帮助人工智能在机器学习，特别是神经网络主导的深度学习领域得到了极大的突破。基于深度神经网络技术的发展，人工智能才逐渐步入快速发展期。"[1] 过去 20 年，中国得益于互联网和移动互联网产业的高速发展，为各行各业累积了大量的行业数据，大数据、云计算等相关产业高速发展，广阔的市场应用空间，使得先进的人工智能技术快速赋能各行各业，包括教育、医疗、工业制造、智慧城市等，政府治理也是人工智能赋能的重点领域。人工智能对政府治理的影响是多方面的和全方位的，不仅作用于政府自我管理和自身建设上，还体现在政府治理市场和政府治理社会等多个维度上。可以说，伴随着大数据、人工智能技术的到来，政府治理模式进入全新阶段，智慧政府或智能政府时代即将到来。

---

① 德勤：《全球人工智能白皮书》，2019 年 6 月。

第二节　人工智能对科层制政府治理模式
的重塑与影响

传统政府治理的主要模式是科层制治理模式。这种模式是适应工业化时代发展的政府治理模式。当前，全球经济社会发展正从工业时代进入信息化发展时代，我国经济社会发展处在工业化、信息化同步发展的复合阶段、转型阶段，政府治理必须积极适应信息化时代的新要求，调整和重构传统科层制政府治理模式，运用人工智能等新技术，助推信息化时代效能型政府、服务型政府、廉价政府建设，提高政府治理安全性与韧性。

一、提高行政审批效能，助推效能型政府建设

政府提高治理能力，构建高效能政府，需要关注行政决策、行政执行、行政组织、行政监督四个核心要素。政府在推动经济社会发展、管理市场行为、社会事务和服务人民过程中，会充分发挥政府调控和市场经济"两只手"的作用，科学、高效、协同的决策、执行和监督机制就显得非常重要。在发挥政府治理作用过程中，为保障经济社

会的科学健康运行，行政决策、行政执行、行政监督通常
集中表现为采用行政审批的方式。政府行政审批的效能高
低直接关系到政府治理整体效能的高低。相对于快速发展
的中国特色社会主义市场经济，我国在政治体制改革方面
相对滞后，这就造成了政府治理跟不上市场经济快速发展
的客观矛盾。一方面是因为在长期的发展过程中，各级政
府治理机构的转变意识不到位，造成了地方政府部门职能
转变滞后，职能定位不清晰，容易产生管得过多、管得不
专业甚至是管理缺位等现象，造成了行政审批效率低下；
另一方面各地区政府治理机构运作规范缺乏统一标准，造
成各地区行政环境、投资环境、生态环境等情况存在差
异。很多地区行政机关不敢突破创新，一旦遇到机遇或问
题，先寻找其他省市的现成解决方案，形成效率低下的现
象。也有很多地方政府因为政绩压力在发展经济过程中对
企业过度承诺，事后不兑现，造成政府公信力下降，对整
个政府效能发挥形成阻碍。这些直接影响到了地方效能型
政府建设进程并诱发了多种问题。过往经常出现"办事难、
盖章难"的问题就是政府审批效能低下的表现。

现如今，通过人工智能技术，构建新型的智慧政务
服务平台，不仅可以重构政府权责，还能构建标准化的政
务服务。一方面，通过运用智能语音、图像识别等人工智

能技术，可以提高政务工作效率，开发相应审批智能化系统，运用大数据和人工智能技术，实行审批自动审理、智能审查、自动出具结果的新型智能审批模式，为企业和群众提供秒办、秒批服务，解决办一件事重复跑多个部门的现象。另一方面，还可以运用人工智能技术，推进业务自助办理，减少自由裁量，杜绝乱摊派、乱收费等违法乱纪现象，增强行政审批的规范化和标准化程度。

在简政放权、提高行政审批效率方面，国务院于2015年2月发布了《关于规范国务院部门行政审批行为改进行政审批有关工作的通知》，从2013年到2017年底，国务院已分9批审议通过取消和下放行政审批事项共618项，持续向市场和社会放权。在持续取消审批和简政放权的背后，更处处体现着互联网、大数据和人工智能技术的应用场景。自"最多跑一次"改革写入2017年的浙江省政府工作报告以来，浙江省杭州市市场监督管理局在浙江率先推出"1+N"+X商事登记制度改革（参见图2—2）。截至目前，已实现30个部门182个许可事项之间数据共享（参见图2—3）和无障碍交换，覆盖企业设立登记、日常经营变更和注销退出全生命周期，使85%的企业能够按"一件事"标准实现网上办事，有力推进解决"准入即准营"难题；同时实现办事材料平均减少60%—80%，

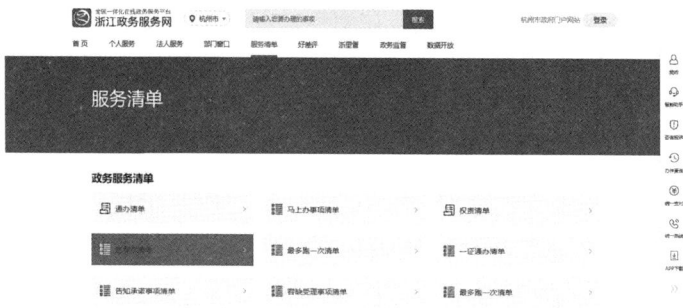

图 2—2　浙江省杭州市政务服务网服务清单①

图 2—3　浙江省杭州市政务服务网数据开放平台②

办理时间平均缩减 70%。再比如杭州西湖区开展"一窗
受理、四端协同"改革，开发"智能收件"系统，实现

---

① 本图来自浙江省杭州市政务服务网站：http://www.zjzwfw.gov.cn/
　　zjservice/item/ygzw/detail.do?webId=2。
② 本图来自浙江省杭州市政务服务网站：http://data.zjzwfw.gov.cn/
　　jdop_front/index.do。

42个试点事项在全区范围内"就近办"全覆盖，让群众可在浙江政务服务网（PC端）、浙里办APP（移动端）、实体综合窗口端和自助终端进行事项办理，真正打通服务群众的"最后一公里"。以一个镇街服务中心为例，通过线上线下的同源协同，实现实体服务窗口数量由改革前的3—5个减少到1个，实体窗口减少70%左右；实体服务窗口人员上岗培训时长由原来的5天减少到1天，减少了80%；实体服务窗口服务事项由原来的平均5项增加到42项，服务能力提升740%。可以说，运用新兴技术，促进数据共享，提高办理效率，极大地促进了政府效能的提升（参见图2—4）。

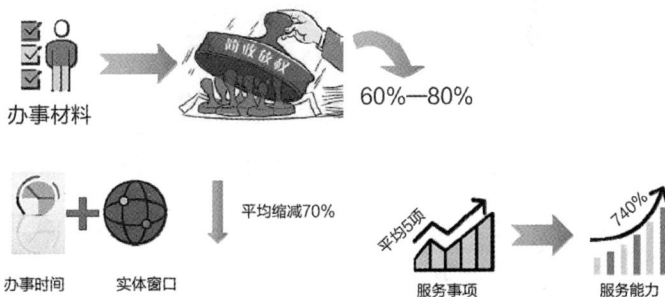

图2—4 政务服务提升政府效能效果①

————————

① 本图由作者自制、整理而成。

二、增强市场监管精度，助推服务型政府建设

国家行政管理部门承担着按照党和国家决策部署推动经济社会发展、管理社会事务、服务人民群众的重大职责。必须坚持一切行政机关为人民服务、对人民负责、受人民监督，因此需要创新行政方式，提高行政效能，建设人民满意的服务型政府。要构建服务型政府，一是转变服务意识，充分认识政府在经济调节、市场监管、社会管理、公共服务等领域治理过程中的权责，做到科学监管，树立主动服务意识；二是要持续坚定不移地深化"放管服"改革，最大限度减少行政审批环节；三是创新政府治理和提供公共服务的方式，提供人民群众需要的高质量公共服务。减少事前行政审批，强化事中事后监管，提升政务服务水平，是政府治理现代化的发展方向，也是服务型政府建设的重要内容。党的十八大以来，在"放管服"改革的作用下，企业开办更加容易、更加方便，市场主体呈现快速增长的趋势。根据国家市场监管总局数据，2019年上半年，我国实现企业开办时间压缩至8.5天的目标，2019年上半年中国日均新设企业1.94万户，截至2019年6月底，全国有各类市场主体1.16亿户。面对庞大的市场主

体，有效的政府监管迫切需要创新监管方式，建立健全运用互联网、大数据、人工智能等技术手段进行行政管理的制度规则，提升政府治理能力，引入新型监管技术，强化事中事后监管。

人工智能技术成为催生市场监管新模式的利器。人工智能通过海量数据搜集、信息处理和对违法商品与交易的深度挖掘，能够给监管部门提供更多决策依据和执法证据，从而减少传统人工监管下的出错概率，增强监管效果。同时，监管部门也能设定相应算法，对信息进行收集、分析和提炼，实现对网络市场的针对性监控和精准监管。此外，人工智能也能体现监管的公正性。应用人工智能技术，可以减少人为因素的干扰，让市场监管变得更加公平、公正和透明。

比如，安徽省芜湖市打破原有部门数据墙和信息壁垒，建立数据模型，通过数据整合，将各地区、各部门的数据汇集到全市统一的公共数据中心，为政府的大数据应用提供支撑，为政务决策、管理、服务提供依据。为了让企业和群众少跑腿、好办事、不添堵，通过探索"人工智能＋互联网＋政务服务"，推进线下线上功能互补，窗口服务与自助服务相结合。芜湖市在网上办事自助服务大厅设立了自助终端办事区、智能引导服务区和自助填表申报区。通过运用大数据、人脸识别、图像识别、智能语音交互等技术，为办事群众、企业提供个性化、精准化、场景化、套餐化服务，促进了"最多跑一次"改革向基层延伸，深化了"就近办"工作，提高了群众和企业满意度（参见图2—5和图2—6）。

图2—5　芜湖市政务服务网推出的场景式服务案例①

　　截至2019年4月底，芜湖市办件总数达到了431909件，其中网上申请办件375051件，占到86.8%。②芜湖市还通过针对市场监管领域存在的部门各自为战、多层多

① 本图来自安徽省皖事通（芜湖）政务服务网场景式服务：http://wh.ahzwfw.gov.cn/bog-bsdt/static/IntelligentGuidance.html。
② 汪瑞华、陶涛、蒙西：《安徽芜湖："互联网＋"让政务"活"起来》，2019年6月19日，人民网安徽频道，http://ah.people.com.cn/n2/2019/0619/c358266-33057201.html。

图2—6　芜湖政务服务网最多跑一次清单 ①

头执法、一线监管力量薄弱、监管不到位等问题，创新开展了以信息化平台为依托，实施网格化监管、推进规范化执法为主要内容的综合监管、分类执法改革，全面提升事中事后监管水平。平台自 2016 年 4 月上线以来，发现违法违规行为 97728 起，有效处置率超过 99.01%。其中包

① 本图来自安徽省皖事通（芜湖）政务服务网最多跑一次专题导航。

括重点关注的五大类问题，即经营场所未按规定配备灭火器 17563 起、从业人员无健康证 13244 起、无照经营 9511 起、特种设备超期未检验 1314 起和销售"三无"超保质期或腐败变质食品问题 868 起。①

三、降低政府治理成本，助推廉价政府建设

政府治理成本是衡量政府治理现代化水平的一个重要指标。以较少的投入、获得更多的产出是政府治理的理想状态。马克思在《法兰西内战》中明确提出的廉价政府概念，就是要求降低政府成本。廉价政府就是在确保履行相关职能的前提下，消耗社会成本比较低的政府②。在人工智能技术条件下，廉价政府建设更具现实性、可行性，主要表现为：

---

① 芜湖市委改革办：《芜湖市探索综合监管分类执法改革构建基于大数据的事中事后监管体系》，2019 年 1 月 15 日，http://www.chinareform.net/index.php?a=show&c=index&catid=24&id=29270&m=content。

② 任俊：《马克思的廉价政府思想及其当代启示》，《理论导刊》2015 年第 10 期。

1.人工智能技术强化反腐效果，避免、减少社会腐败损失

腐败的滋生和蔓延是政府治理面临的最大的成本挑战。只有进行有效反腐，才能降低政府治理成本。目前，反腐的重要方式有：教化反腐、制度反腐、惩治反腐等。作为技术手段，人工智能技术为反腐提供了新的工具和武器，增强了反腐的效能，减少了社会腐败损失。人工智能技术让发现腐败行为更加容易。比如，在容易滋生腐败的招投标和政府公共采购领域，部门分散监管带来了政出多门、推诿扯皮、同体监督等问题，特别是招投标活动中行业保护和地区封锁屡禁不止，市场监管权力分割以及由此造成的权力寻租，行政监督流于形式使整个公共采购领域成为腐败的高发区。① 安徽省合肥市公共资源交易中心搭建的"智慧交易"平台，通过融合利用人工智能、云计算等技术，以大数据分析为基础，建设智能辅助评标和智能语音分析应用，实现评标过程中的语音转写、智能预警、辅助专家评标。由人工智能参与构建智能辅助评标系统，可以最大程度减少人为干预，从源头上预防腐败发生，同时可以提高评标效率和准确率。目前，智能辅

---

① 杜兴华：《招投标腐败多发的体制诱因与治理逻辑》，《未来与发展》2017年第6期。

助评标系统已覆盖合肥市政府采购类项目 40%，评标准确率达 80%；智能语音分析系统覆盖合肥市公共资源交易中心 90%的项目，可节约专家评审时间 30%以上。同时，在系统准确率方面，将逐步实现资质证照审查正确率达 90%以上，固定范本评审准确率达 95%以上，货物类技术参数评审准确率达 85%以上。①

2.人工智能缓解一线人力不足问题，降低政府治理的人力成本

面对日渐增多的市场主体，如何配置充足的人力资源，提供有效的行政审批服务、行政执法服务，是政府治理面临的重要现实问题。如今在推动经济社会发展过程中，政府面临的诉求种类越来越多，情况也越来越具有不确定性。日常政府治理在执行、决策、监督等方面，不仅面临着缺少具备解决专业领域问题的人才，甚至还面临着日常行政职能方面人力资源匮乏的问题。现如今很多地方政府采取了去行政化改革，实行企业化管理，以此来提高政府绩效。但在公共服务领域，还是不能解决人力成本高昂的问题。为了解决这一困境，有些政府采用了购买公共服务、临时聘用等各种手段，然而效果依然不理想。现如

① 郭庆：《AI 技术在安徽合肥评标环节小试牛刀》，2020 年 1 月 20 日，http://www.cgpnews.cn/articles/51077。

今，可以利用大数据、云计算、人工智能等技术，将政府所必须依靠人力提供的一些繁杂性的、重复性的、规范的事务性工作充分自动化、智能化。专家们分析发现，通过自动化计算机执行的常规任务，人工智能的应用可以极大缓解这一问题，在信息筛选分析、行政流程、行政咨询应答、行政监管等领域，可以大量替代传统人力投入，改善政府的人力资源局限性。[①] 在行政编制紧张的条件下，运用人工智能技术优化政务服务，甚至实现无人审批，有利于让政务人员腾出更多时间和精力处理核心政务工作，有效降低政府治理的人力成本。

政府能否降低提供公共服务的成本投入，一定是和政府是否能够提供高效的服务相挂钩。政府服务效率的高低、质量的好坏，同政府投入的人力成本有绝对关系，低效的政府服务，一定会造成政府治理成本的提升。在中央党校（国家行政学院）电子政务研究中心发布的《省级政府网上政务服务能力调查评估报告（2019）》的重点城市网上政务服务能力评估中，南京获得亚军。南京市依托江苏政务服务网，应用大数据、云计算、图像识别等技术，建成政务服务"一网通办"总门户，并与实体大厅办

---

① 董立人：《人工智能发展与政府治理创新研究》，《天津行政学院学报》2018 年第 3 期。

事事项一一对应，企业和市民所需办理事项在线服务率达 100%，形成"线上办事为主、线下办事为补充"的政务服务新模式。南京市在全国首创房产交易与不动产登记一体化办理平台，给群众带来极大便利——市民可以通过手机 APP 在网上开具电子购房证明；办理申请由原先向 3 个部门提交 20 多份材料，变为向一个窗口提交 9 份材料；办理环节由 8 至 16 个缩减到 3 至 4 个；办事人往返大厅次数由 5 至 6 次压缩为 1 次。该平台承办规划资源、房产、税务三个部门包括商品房、存量房买卖等全部涉房交易登记事项，实现全市范围内房产交易与不动产登记全业务一体化办理，全过程"一次取号、一窗受理、一键缴费、一网办结、一并快递"。商品房交易登记、符合条件的存量房交易登记等多项业务实现现场办结发证，市民最常办理的购房证明开具、市本级商品房交易登记、不动产登记信息查询、抵押权注销登记等事项已实现"不见面"服务。① 这些措施不仅极大地提高了政府服务效率，还减少了相关部门以及办事柜台人员的精力投入，减少了无效成本开支。

安徽省打造智慧政务新模式，在中央党校（国家行政

---

① 张卫卫、刘通：《重点城市网上政务服务能力评估，南京获得亚军》，http://dy.163.com/v2/article/detail/EDFCH6I405345ARR.html。

学院）电子政务研究中心发布的《省级政府网上政务服务能力调查评估报告（2019）》中获得了突出的成绩。安徽省通过融合运用大数据、云计算、人工智能等技术，开展了以"慧办事、慧审批、慧监管"为主要内容，以个人事项80%实现全程网办为主要目标的智慧政务工作。经过2019年大半年的努力，目前安徽省政务服务网日均搜索访问次数超过3万次，累计搜索超300万次，搜索准确率由原来的40%提升至90%（行业平均50%）；日均咨询量5000次，累计咨询量超过50万次，在线问答完成率由原来的30%提升至70%（行业平均40%）；实现1000个以上个人事项"全程网办"，覆盖社保医保、公积金、不动产等高频刚需服务及面向残疾人、老年人和退役军人等特殊群体服务，其中70个服务实现秒批秒办，切实提升群众办事获得感。安徽省通过智慧政务新模式的打造，有效提升了政务服务能力和水平，缓解基层政务服务人力不足问题，释放部分基层服务人员，可以更好地投入基层社会治理工作中，有效降低了政府治理的人力成本。

四、防控治理风险，提高政府治理的韧性

在信息传输异常发达的时代，政府针对各类突发事

件的响应速度、响应能力关系到风险管理的效果、信息公开的公正透明以及政府的公信力。尤其是近年来，我国各类突发性灾害事件的发生周期明显缩短，发生频率显著升高，社会公共安全危机已由非常态化的偶发转变为近常态化的频发①，这对政府应对风险的管理手段和应急管理能力都提出了更高的要求。通常在面对自然灾害、公共安全、公共卫生、社会舆情等突发性事件时，政府会充分发挥自身的优势，在事前预测、事中治理、事后完善方面采取相关的措施。政府的权力虽然在不断扩大，但其面临的经济社会事务也日渐增多，受到治理主体的编制、经费、能力等各方面的限制，政府治理的任务繁重而艰难，政府治理的实际绩效与民众对政府的期望值之间差距较大，导致政府的公信力受到一定程度的损害。智能治理时代的到来，给传统的政府治理模式带来了深刻的变革，为现代政府治理能力的提升提供了难得的机遇。2020 年新冠肺炎疫情防控初期，疫情预警体系失效的背后也暴露了风险信息传递失灵的问题。在科层制政府治理模式下，疫情风险信息在条块、区域之间无法实现高效、精准传递。积极运用人工智能等新技术，能够增强政府风险信息处理、风险

---

① 庞海云：《突发性灾害事件下应急物资分配决策理论与方法》，浙江大学出版社 2015 年版，第 11 页。

预警、风险预测能力，降低政府治理的脆弱性，从而提高政府防控和应对突发事件的韧性，保障人民群众的财产和生命安全。

1. 充分利用人工智能技术，可以提高风险预测能力

受技术限制，前数据时代一般是采用定性或定量研究方法发现社会风险，其主要方法是信息上报、调研座谈、抽样分析或设置问卷调查等来获得相关风险的信息数据，开展研判，反映的也只是局部和部分人群的结果，存在随机偶然性①。在大数据时代，由于手机、电脑、汽车等智能移动终端和科学设备互联网化、物联网化，使得人类在生产生活过程当中产生的数据更加具备可感知、可收集分析和智能化。这些可以加以利用的数据也使得人们对大部分社会公共事件预测能力增强，更有能力掌握信息流转。对于公共危机预测工作来说，大数据技术可以对毫无关联的数据源进行不同数据的比较和模式匹配，这使得大数据分析能以新的视角挖掘公共数据，并带来传统数据不能分析的数据洞察和预测力②。在 2020 年新冠肺炎疫情中，

---

① 陈睿：《机遇智能化转型的社会风险治理思考》，https://www.soh. com/a/367069229_431094。

② 康红霄、王爱冬：《基于大数据技术的公共危机预测研究》，《科技管理研究》2015 年第 6 期。

三大运营商借助于人工智能技术对区域内人群流动数据做了详细分析，为相关决策机构精准预测该区域疫情形势、提出针对性部署方案做了重要保障（详见图 2—7）。[①]

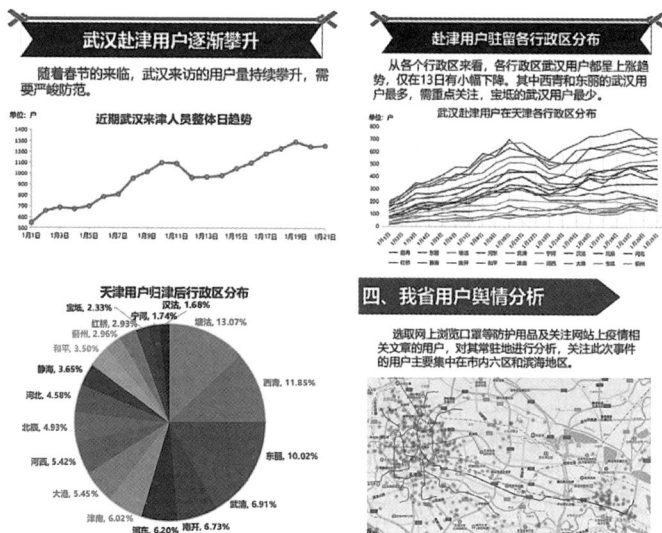

图 2—7　武汉用户来津及天津用户赴武汉情况简报[①]

2. 充分利用人工智能技术，完善风险治理手段

人们通常将风险治理与应急管理混淆，在面对公共事件的时候，人们习惯用刺激反应式思维来处理事情。虽然风险治理与政府的应急管理密切相关，但是在风险灾害

危机这个连续的系统中，风险治理相对于危机管理，在整个事件链条中处于中前端部分。作为政府治理的主体机构，应当有足够的主观性和能力去判别应对可能到来的新型风险。与其被动等待新型风险带来灾难性后果再行动，不如未雨绸缪采取主动性的治理思维，有效识别未来的风险并加以应对，在这个过程中人工智能等新兴技术就起到了很大的作用。

　　运用人工智能技术，可以充分地将大数据、云计算运用到风险治理过程当中，为政府决策提供有效的依据，同时判定整个风险管控过程当中的关键点。在整个风险事件管控过程中，相比于传统的依赖于大量的人力投入和信息收集，以及部门区域"信息孤岛"的现象，人工智能技术可以快速有效准确地去分析数据，而这些数据通常又掌握在政府治理机构手中，因此运用新型技术有得天独厚的优势。另一方面在风险治理过程当中，这些新兴技术可以有效地解决很多客观问题，比如在突发重大公共卫生事件中，可以有效避免一些非医务人员同潜在病患的接触，同时高效率地完成相关的筛查防控工作。某企业将人工智能技术应用在城市交通的精细化管理领域，在政府风险治理过程中取得良好应用。在新冠肺炎疫情防控过程中，通过打造"交通超脑"，利用"融合感知—精准研判—有效管理—客观评估"的应用闭环，实现交通管理协同化、交通研判智能化、交通组织最优化。针对春节期间返程高峰，利用大数据平台，对疫区车辆流动进行重点摸排和监管，为疫情防控工作提供了有力的支撑。其协助合肥交警支队集中对既定时间段内往来合肥市的相关车辆和人员，尤其是来自重点疫情地区的车辆和人员进行了重点排查。尽管涉及汽车数量庞大，但借助"交通超脑"大数据，依然快速对这些车辆实现了精准研判，即研究这些车的行驶轨迹，从大数据中判断它的"性质"，通过车辆历史大数据分析目标车辆。在城市"交通超脑"平台的技术支撑下，合肥交警支队在 48 小时内"抽丝剥茧"，从 10 万辆车里锁定 7000 余辆"目标车"，随即提交给相关部门做进一步筛查，为精准防控提供了重要依据。

人工智能技术的价值是在于利用先进的技术对数据和信息加以处理和分析，形成新的结论以为决策提供依据，因此它不仅是一门新的科技，更是政府在风险治理过程中的一种新运行形态。这种运行形态不仅意味着政府在风险治理过程中思维方式的变革，也更加对政府提供政府治理和政府公共服务产生重大的影响。

第三节　人工智能对政府治理的主要挑战
与问题分析

人工智能技术除对人类社会生活的数据安全产生挑战外，对政府治理构成的特殊性挑战有：

一、政府数据开放、整合问题

第三次人工智能浪潮的兴起得益于互联网、移动互联网时代各行各业累积的海量数据，一方面，这些数据可以为人工智能提供充分的训练集，推动人工智能应用到各行各业。另一方面，人工智能技术可以充分提高数据利用水平。因此，足够的数据是人工智能助力政府治理的前提。许多人工智能应用场景设计，都依赖政府数据资源，否则就是"无米之炊"。据有关研究表明，80%的大数据及人工智能场景是基于政府数据资源这一"生产资料"而打造。

在发展人工智能产业过程中，数据问题是世界各国、各行各业都面临的重要问题。按照数据使用过程可以把数据问题分为数据开放采集、数据整合利用、数据安全管理三个方面。

　　数据开放采集方面，数据是社会经济在运行过程中产生的重要生产资料，关系到行业、公民、国家的隐私和安全，部分行业数据是国家基础战略性资产。事实上，可用于政务决策的数据的主要来源有四类：第一类是各个部门和机构履行法定职能过程中形成的数据，称之为"业务数据"，指业务办理过程中采集和产生的数据；第二类是民意社情数据，指的是政府部门对社会企业个人对象进行统计调查获得的数据；第三类是环境数据，即通过物理设备采集获得的气象、环境、影像等数据。除此三类之外，以分散形态存在于社会主体掌握中的数据也日益突显其重要性。尤其是近年来，社会资本投入成立了大批科研机构、企业研究院、数据开发组织等，掌握着大量与政府公共决策有关的海量数据。这类数据可称为"分散性公共数据"，政府可以通过政府采购或者合作开发等多种方式，获得其使用权，用于公共决策的需要。四类数据在结构化程度、应用范围上都存在着差异，而且由于数据的适时性特征，当前收集的数据未必能应用于眼下的紧急决策。①目前，我国政府数据开放程度，与人工智能技术发展需要

---

① 蒋余浩：《大数据开放共享及管理的具体规则设想》，《21 世纪经济报道》2020 年 2 月 4 日。

相比，仍然不理想。相比于欧洲，近年来中国在对待大数据管理方面采取的是鼓励开放共享的态度。但在涉及政府治理的政务数据方面，尤其是医疗、金融等行业，存在着法律规范、部门壁垒、供给与需求脱节等结构性问题。这些数据掌握在政府及社会公共服务机构手里，并不能被企业轻易拿到。比如，有的认为数据是权力和利益，不愿意开放数据；有的担心泄露国家秘密、商业秘密、个人隐私，不知道能不能开放；政府内部数据的碎片化，散落在各个部门，形成信息和数据孤岛。

数据整合利用方面，政府掌握了一些具有核心价值的公共数据，一些企业主体单位比如电商、餐饮、供应链等行业掌握了能反映经济运行规律的行业消费者数据，在这些数据之间目前还未建立一种开放共享和整合利用的有效管理机制。其中制约数据整合利用的重要因素，除了安全问题外，即为"产权"问题。数据整合涉及多方利益，包括了占用、使用、收益等多项不同的权能，可以经过分解并赋予不同的主体，使他们在不干涉其他人享有其权益的条件下实现自身利益。①。另一方面，数据整合方在挖掘分析数据时存在一些技术问题。比如信息在整合过程中

---

①　蒋余浩：《大数据开放共享及管理的具体规则设想》，《21世纪经济报道》2020年2月4日。

失真，影响决策结果。比如针对中国出现的新型冠状病毒疫情，著名经济学家许成钢教授非常正确地指出："电商的大数据当然有巨大的帮助，虽然在应对突发事件时，这些数据对需求侧的帮助很有限。在传染病突发时，为需求侧做的模型，其基础是传染病模型，电商们没有传染病的模型，信息不流通情况下，更没有突发病的数据，他们只有通常意义上的消费者的数据。而这些数据只在合并到传染病模型的经济模型里才有帮助。电商的大数据真正有帮助的地方在供给侧，这是可以有巨大帮助的方面。中国轻工业基本都是民企，在电商那边，这些数据相当完整。当需要动员社会力量救灾的时候，国家采购是核心部分，国家采购应该努力跟电商和电商平台合作，这是可以大大帮助政府采购的机制。"

二、治理规则建构与重构问题

数据和算法是人工智能发展的基本要素。在拥有足够数据的基础上，人工智能助力政府治理还需要有效的规则。算法就是规则。政府治理中的人工智能算法就是政府治理规则的应用和体现。掌握政府治理权和提供社会公共服务的是国家相关行政管理和公共服务机构，政府治理规则决定相关的管理权，包括技术管理权应归属政府。将人工智能技术应用到政府治理事务中，虽然能提高政府治理效率，降低政府成本，但新的治理生态下，特别是将机器在决策过程中占据重要分量的情况下，将会在政府治理过程中对固有的工作制度、管理模式、组织设置、职能划分比重等方面进行流程重构。虽然现阶段学术界和科学界认为人工智能同人类的关系应该是"人机耦合"，即机器去辅助人类做决策，但在实际过程中若完全将技术的管理权交给机器自行运算，那么对于不能掌控智能机器与技术的主体而言，不论是政府、企业或个人，都会产生未知的"黑箱效应"[1]，危及政府对治理局面的整体把控。这就产生以下问题：一方面，针对在政府治理场景应用的人工智能技术"算法黑箱"现象，遮蔽了技术中的治理规则，可能产生政府治理风险。对公共产品的管理属于政府的主要职能范围，随着人工智能的参与力度更大、范围更广、事件更多、频率更高，智能机器人会事无巨细地在人为治理和数据参考的共同处理模式下探求解决方案，政府作为治理体系的核心，其本身的中心职能便被大大削弱。能否掌握对人工智能技术的管理主动权，决定了"政府生态"治

---

[1]　张淑玲:《破解黑箱：智媒时代的算法权力规制与透明实现机制》，《中国出版》2018 年第 7 期。

理能否达成最终的效果。① 比如，算法规则可能偏离以人民为中心的立场，主要体现少数技术超人和企业精英的立场。

另一方面，人工智能技术对传统行政伦理构成冲击②。人工智能技术的大范围应用，会进一步造成政府治理决策对其依赖程度的增加。政府因为效率和专业程度问题，不会再反过头来事无巨细地检查每一段数据和每一个流程的准确性和合规性。这样就造成了政府决策主导权的进一步削弱和表象化。政府在公共治理和提供公共服务过程中的各个环节都高度依赖数据和机器，而掌握着数据分析技术和智能研判技术的是企业。对人类产生威胁的不是人工智能技术，而是掌握着人工智能技术的人类本身，这在一定程度上对政府伦理定位和治理效果产生威胁。因此针对人工智能技术的应用，政府需要建立有效的规则，对技术进行规制，防止其负面效应的发展。目前，政府对人工智能技术的立法等规则设置方面尚未完全跟上。

---

① 李晓夏、赵秀凤:《人工智能时代的"政府生态"治理》,《现代化电子政务》2019 年第 10 期。
② 胡洪彬:《人工智能时代政府治理模式的变革与创新》,《学术界》2018 年第 4 期。

三、政府治理结构与流程问题

从结构上看，现有的政府治理结构与流程是在传统社会条件下形成的具有明显金字塔结构特点的科层制组织结构。权力在绝大多数情景下是按照中心化的模式来运行的，即人们的生产和生活是统一由某一个人或者某个机构来集中安排和管制的。但自从互联网产生后，这一模式被彻底打破，话语权的去中心化进程就开始了，只是这一进程的速度超过了人们的心理预期。今天，移动互联网的普及为个体和社会组织提供了表达诉求的渠道与机遇，互联网的多节点、无中心设计弱化了传统的单向度权力结构，使得权力呈现出多元和分化的特征。[①] 人工智能时代，政府不仅面临着内部组织结构与权力结构重组的挑战，同时也面临着来自掌握人工智能核心技术与关键人才的大型企业的权力挑战，这既是政府权力被压缩的体现，也是政府权力去中心化的表征。[②] 这种结构与人工智能技术发展所需的扁平化、开放型组织架构形成了一定的矛盾和张力。

[①]　刘波：《人工智能对现代政治的影响》，《人民论坛》2018 年第 1 期。

[②]　叶娟丽、徐琴：《去中心化与集中化：人工智能时代的权力悖论》，《上海大学学报（社会科学版）》2019 年第 6 期。

这一个问题和挑战可以从人工智能对企业组织结构影响方面得到印证。对于企业组织而言，人工智能会让企业组织成为"哑铃型"组织，原来中间庞大的负责上传下达层级将弱化甚至消失，人工智能相关的岗位（比如算法师）将进入高级管理层。对于政府而言，政府权力的中心地位或将受到挑战，政府治理结构会丧失原有的上传下达的优势，同时政府将会更加依赖掌握技术的巨头公司，政府内部治理结构也会偏向于垄断先进技术和掌握数据的社会组织。随着专家系统技术的成熟，各个领域将会出现越来越多的"虚拟专家"，政府决策也将更加依赖于这些专家的知识与经验，从而排斥乃至剥夺公民行使、参与政治的权力或权利。①

从流程看，现有的政府治理流程与人工智能发展所需的流程也呈现出许多矛盾和张力。传统政府业务流程是串联式的。从政府主体看，体制性壁垒难以突破，政府治理进程中的人工智能缺乏支撑能力。近年来我国政府的智能化水平虽在不断得以提升，但政府治理体制却很大程度上依旧未跳出传统体制的基本框架，其中不仅各部门和各机构间实现条块分割，而且上下级之间关系存在事实上的

---

① 李醒民：《论技治主义》，《哈尔滨工业大学学报（社会科学版）》2006 年第 6 期。

单向度化，一旦遇到公共突发事件往往是首先逐级向上进行汇报，然后再展开决策部署。客观而言，这一体制虽在传统环境下为稳定政府架构和社会秩序带来了积极意义，但随着社会的转型发展其弊端亦不断得以凸显，如机构设置的臃肿化、决策周期的冗长化及不断扩张的行政成本等，进而带来政府回应社会诉求的呆滞与迟缓。显然，这同人工智能嵌入政府治理的初衷是存在逻辑冲突的。基于人工智能的业务流程是并联式、立体式的，人工智能吁求的是适应性强和高度灵活性的体制模式，其发展和应用呼唤的是政府治理过程的扁平化与网络化，并在此基础上实现各主体之间的协同配合与互动互通，这是人工智能的应用实现最优化的基本前提，同时也恰是传统的科层制模式难以支撑和实现的。①

第四节　运用人工智能，赋能政府治理体系和能力建设

推动政府治理创新的因素是多方面的，其中，技术

---

① 胡洪彬：《人工智能时代政府治理模式的变革与创新》，《学术界》2018 年第 4 期。

发展是一个重要因素，技术可以倒逼政府治理创新。人工智能技术正成为推进政府治理现代化的"利器"。在积极运用人工智能技术的同时，要强化政府治理体系和能力建设，顺势而为，补短板、强弱项，防控技术应用风险，更加有效地促进人工智能技术优势转化为政府治理效能。

一、健全运用人工智能进行管理的制度规则

党的十九届四中全会指出，建立健全运用互联网、大数据、人工智能等技术手段进行行政管理的制度规则。建立健全运用人工智能进行管理的制度规则，是在当前形势下，政府治理适应新兴技术变革对国民经济和社会运行方式产生深刻影响的需要；也是在新时期提高政府治理效能的需要；更是充分运用新技术手段提高政府社会管理和公共服务水平的需要；特别是新兴技术革命的广泛应用后，填补行政管理制度规则空白的需要。

首先，要构建运用人工智能进行政府治理的标准和规范体系，防控管理风险。在完善人工智能技术规范和标准基础上，构建基于人工智能的政府治理规范和标准。比如，要制定基于人工智能技术的行政审批标准化规范，提高各地方、各部门基于人工智能技术的行政审批服务的兼

容性。同时要坚持在发展中规范和在规范中发展，建立更加具有弹性空间的动态治理机制。比如，政府要创造并积极推动人工智能领域的新产品、新应用的落地试点示范。同时，进行数据、算法和典型应用场景的相关立法工作，明确底线和红线。一旦发现相关问题，监管力量及时介入，采取多部门联合调查处理的方式封堵隐患、解决问题，并不断把运用人工智能进行治理的成熟经验上升为法律规范。

其次，构建运用人工智能进行政府治理的行政伦理体系，防控社会风险。在行政职业伦理和公共职业伦理建设中，要考虑人工智能等新技术的影响，将行政伦理与算法规则构建结合，构建新型行政职业伦理。一方面，要坚持党的领导，明确政府治理体系的权责划分，落实政府治理的主体责任。坚决防止政府治理过程中的过度技术依赖行为，将人工智能技术平台的角色明确为政府治理的技术手段，防止推诿扯皮现象的发生。另一方面，也要防范政府治理过程中的纯技术导向问题，在很多问题的处理和解决上，不仅要尊重人工智能技术平台的判定，也要充分发挥政府工作人员的能动性，推行技术分析和价值规范讨论相结合的解决问题的思路。

再次，构建针对人工智能的有效技术治理机制，防控技术风险。人工智能技术在社会应用中不可避免地会产生新问题和风险。比如，人工智能技术被用来执行骚扰电话任务，给社会生活带来负面影响，要制定相应的政府监管和治理规则。技术与治理具有工具与对象的复合性关系，人工智能技术与政府治理同样具有工具与对象的复合关系。人工智能技术是实现政府智能的有效工具；人工智能技术不可避免地体现着科技创新活动的"双刃剑"特点，成为政府治理的对象。在发挥人工智能积极作用的同时，不能忽视加强对人工智能的安全治理，避免和防止在政府治理实践和应用中可能出现负面影响。比如，要加强对算法的治理和规制，确保算法体现以人民为中心的价值，保障社会公共利益和公共价值。作为技术手段，人工智能技术具有价值中性，但人工智能技术应用中所设计的算法体现出较强的主观价值性，各类的主观价值由此被嵌入到人工智能应用中。政府治理具有鲜明的公共价值导向，人工智能赋能政府治理，必须强化对人工智能技术的公共价值控制和规范。信息技术在国家治理中出现双面运用现象并形成了非平衡的格局，要强化制度建设，避免"数字利维坦"风险①。参照发达国家做法，根据我国人工智能产业在不同

---

① 肖滨：《信息技术在国家治理中的双面性与非均衡性》，《学术研究》2009 年第 11 期。

的应用场景中的不同需求和特点，推进人工智能相关法律法规制定，并细化出台符合实际的政府管理规章制度。

二、加强公共数据开放和公民个人信息保护

政府所掌握的公共数据是人工智能发展和赋能的重要资源。在人工智能三要素算法、算力和数据中，数据是核心，人工智能的发展离不开数据，人工智能赋能政府治理体系和能力建设也离不开数据。人工智能浪潮的兴起得益于互联网、移动互联网时代各行各业累积的海量数据，一方面，这些数据可以为人工智能提供充分的训练集，推动人工智能应用到各行各业。另一方面，人工智能技术可以充分地提高数据利用水平。因此，足够的数据是人工智能助力政府治理的前提。许多人工智能应用场景设计，都依赖政府的数据资源，否则就是"无米之炊"。对于大数据、人工智能应用场景而言，数据是重要的"生产资料"，只有强化数据供给，才能进一步为政府治理体系和能力建设赋能、助力。

首先，有必要以法律或行政法规方式构建公共数据开放的基础性法律规范。当前，我国政府数据开放现状属于政策推动、实践先行，全国性的立法相对滞后，主要是

一些地方正在实践。应以法律法规等顶层设计为重点，以民生领域为先导，强化公共数据开放广度和质量。比如，要坚持最大限度开放原则，除涉及国家秘密、商业秘密、个人隐私、法律法规规定不得开放的政府数据以外，政府行政机关都应当向社会开放公共数据。

其次，建设国家级政府数据开放平台，为社会获取公共数据提供便利。随着我国数字政府建设的推进，各地区各部门都建立起信息化程度不同的管理信息系统。由于条块分割的因素，各地区、各部门的公共数据存在"信息孤岛""数据烟囱"等分割化、碎片化现象，这制约了公共数据的系统性共享。为此，应建立国家级数据开放平台，整合分散化、碎片化的数据，提高获取公共数据的便利度。

最后，在人工智能技术应用中，强化维护和保障个人的数据权利，完善个人隐私和数据安全保护制度安排。人工智能时代，获取个人数据的隐蔽性更强、个人数据被滥用的风险加大，在强化公共数据开放的同时，有必要强化个人数据保护。要加强个人信息保护和数据安全，强化政府监管，防止可能产生的对个人隐私和公共安全带来的新挑战。党的十九届四中全会首次将"数据"作为生产要素之一参与分配。要推进数据的市场化资源配置，加快数据确权、数据交易相关制度建设，保障在市场经济和社会生活中各类主体的数据权。

三、推进政府组织变革和流程再造

党的十九届四中全会指出，推进机构、职能、权限、程序、责任法定化，使政府机构设置更加科学、职能更加优化、权责更加协同。传统的政府治理组织结构是高度等级化的科层制结构，进入智能化时代，传统的政府治理组织模式、流程模式需要进一步变革，推动政府机构运行更加顺畅高效。

一方面，要积极推动层级优化，减少中间管理层级，推进政府组织结构扁平化。只有对"高耸"的金字塔政府组织结构进行改造，构建扁平化政府组织，才能增强政府组织对人工智能技术的适应性。在智能化建设中，政府各部门从职权划分、工作机制、业务沟通、信息共享等方面加强协调配合，在彼此行为边界上既职责分明又协同行动，实现政府跨部门管理服务一体化。

另一方面，基于人工智能技术发展，对政府组织流程进行再造。与数字化时代、智能化时代相适应的政府内部组织流程，不同于传统政府组织流程，整体性、系统性大大增强。"并联"流程取代"串联"流程，可能成为政府内部流程的主流。这就要求重新定义政府组织内外协同共享的信息机制，相互合作与知识共享取代原先的相互牵制与信息封锁，提升办事效率和效能。要发展和创新以人工智能为基础的政府治理智能化组织流程，尽量减少政府治理和提供公共服务过程中所重叠消耗的时间和交叉的效能损失。

四、实现政府、企业和社会之间协同治理

上世纪末以来，治理理论在政治学、公共管理研究中大行其道。随着治理理论的发展，治理理论形成系统谱系，衍生出许多子理论。作为其中的一个重要子理论体系，协同治理理论目前成为治理理论的前沿主题，得到理论界和实务界的广泛肯定和认可（见图2—8）。在治理理论谱系中，协同治理具有显著的理论优势（见图2—9）。在协同治理理论指导下，推进政府、企业和社会之间的协同治理，关键在于政府超越"划桨者"或者是"掌舵者"的角色争论，实现从重政府作用、轻多元参与向政府主导型的社会共同治理转变。既要发挥政府的主导作用，又要鼓励和支持企业、社会组织和其他力量更积极、更深入地参与社会事务管理，发挥多元主体的协同、自治、共治的

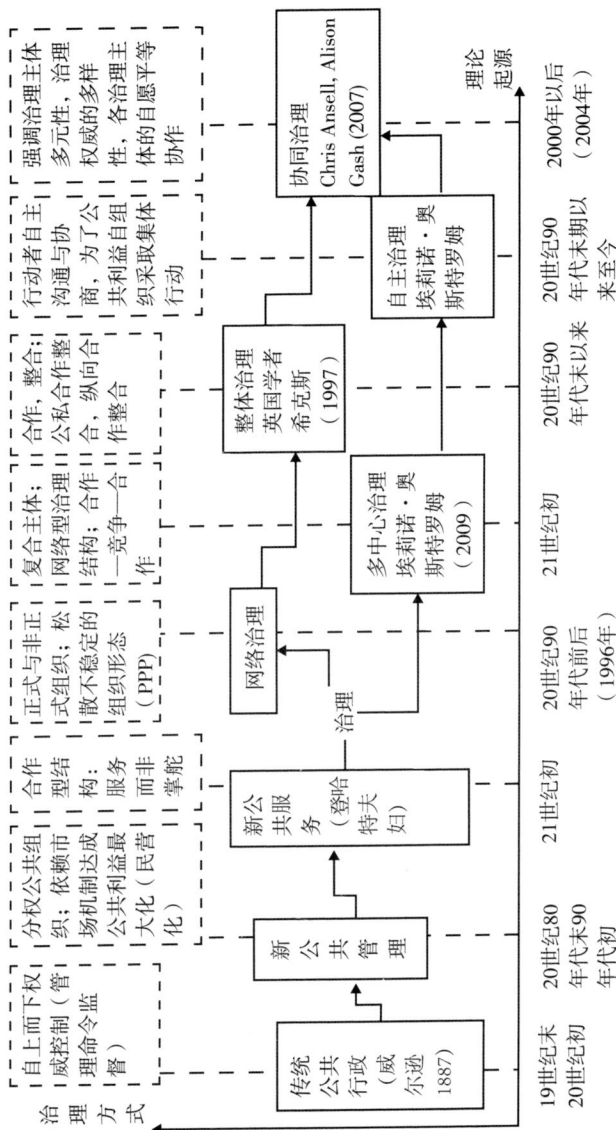

图2—8　治理谱系治理理论的发展脉络①

① 西宝、陈瑜、姜照华：《技术协同治理框架与机制——基于"价值—结构—过程—关系"视角》，《科学学研究》2016年第11期。

治理理论	优势	劣势
多中心治理	1. 社会管理多元主体治理 2. 治理主体间平等性 3. "要以承认政治为基础"	治理主体间同质性假设
自主治理	1. 公民参与，自主治理 2. 具有有序管理制度	1. 理论不具有普适性 2. 组织具有封闭性
网络治理	1. 社会管理的主体多元 2. 通过网络整合资源	1. 以协商方式确定目标 2. 治理环境不确定
整体治理	1. 强调横向和纵向协调的思想和行动	1. 功能整合的技术困境 2. 责任机制模糊
协同治理	1. 吸收多中心治理、自主治理、网络治理理论关于社会管理多元主体治理的要求； 2. 吸收多中心治理、自主治理中公民参与的思想，实现社会自治理成为协商治理追求的目标； 3. 吸收多中心治理"要以承认政治为基础"； 4. 吸收自主治理的有序管理制度； 5. 吸收网络治理中整合资源的功能。	解决了网络治理责任推卸的缺陷。 解决了整体治理责任机制模糊的问题。 解决了网络治理环境不确定的缺陷。

图2—9 治理谱系下治理理论的优势和劣势分析①

① 西宝、陈瑜、姜照华：《技术协同治理框架与机制——基于"价值—结构—过程—关系"视角》，《科学学研究》2016年第11期。

作用，尽快从传统管理转向现代社会多样性的治理①。

人工智能时代的政府治理，迫切需要改变政府单兵作战的传统管理格局，引入多方协同治理理念。首先，建立有效的政府与企业合作机制。科技企业构成了当下人工智能产业发展的主力军。国际上 Google、亚马逊、苹果、微软等科技巨头很大程度上引领着人工智能科技和产业的发展走向；国内相关企业如阿里巴巴、腾讯、科大讯飞等也在人工智能多个技术领域达到了全球领先水平。运用人工智能技术，推进政府治理，离不开企业的参与。要建立有效的政府与企业合作机制，实现技术水平与治理水平双提升。其次，在政府组织体系内部，也要进行跨层级、跨领域、跨系统、跨地域、跨部门和跨业务的整合，提高政府治理的协作水平，不断放大人工智能赋能政府治理的整体性优势。再次，运用人工智能技术，提高社会公众参与政府治理的水平，实现共建共治共享。比如 2020 年在新型冠状肺炎疫情防控过程中，湖北、安徽、重庆、广西、西藏 5 省（区、市）公安机关联合人工智能企业成立"火神山行动"专项工作组，借助警务信息化平台，通过大数据挖掘分析，助力湖北公安梳理 2020 年 1 月 10 日至 23

---

① 马凯：《努力加强和创新社会管理》，《求是》2010 年第 20 期。

日疫情期间铁路流出武汉 300 万人，外省在武汉旅馆住宿 160 万人次并报送公安部；协助安徽、重庆、西藏、广西 4 省市公安机关摸排梳理武汉籍流入本地人员共 20 多万人，车辆共 10 多万辆等服务工作，为各省（区、市）有效控制疫情传播和扩散提供了很好的技术支撑。该项目能快速响应并成功实施，就是在最初政府推动和企业合作参与社会治理，在一整套切实可行的社会多元合作治理机制作用下，充分发挥了政府数据、企业技术、社会参与多重优势，成功高效地实现了治理目标。

领导干部要善于运用人工智能等新技术进行政府治理，提高专业化治理能力。作为关键少数，领导干部是实施政府治理的骨干力量。2020 年新冠肺炎疫情防控，在助推社会生活数字化转型的同时，也加速了政府数字化、智能化转型进程，运用人工智能进行政府治理已具有较好的实践基础、理念基础。首先，领导干部要坚持创新思维、战略思维，以开放和创新的思维和理念，在治理理念上有效吸纳、引入人工智能等技术，不断创新公共治理与公共服务。其次，领导干部要提高人工智能等新技术的科学素养和知识素养，以理性认知推动科学应用、强化治理实践。再次，要加强人工智能等新技术在政府治理中应用的培训。思想理念是行动的先导。要创新教学形式，积极运用案例教学、人工智能企业现场调研教学等多种方式，加强领导干部对人工智能技术的认知。同时，积极组织专题培训班，强化对政府治理数字化、智能化的理念和意识。

近年来，不少地方政府组织党员干部专题学习人工智能，并组织相关论坛、同知名企业组建人工智能体验中心和科普基地，充分体现了政府发力人工智能的决心。例如天津市自 2017 年以来连续举办了三届世界智能大会，组织国际知名专家、学者，政府机构领导者、企业家共聚一堂，向世界智能科技领域发出了"中国声音"，同时签署落地了一批重大项目，有效促进了智能科技产业资源要素的加速聚集。为促进智能科技产业发展，天津市、区两级联动，积极研究制定行业发展的相关政策，密集出台《关于大力发展智能科技产业推动智能经济发展建设智能社会的实施意见》《加快推进智能科技产业发展的总体行动计划》和智能制造等十个专项行动计划等 110 余项政策措施，密度、力度前所未有。同时大力组织人工智能专题培训。通过邀请知名专家学者、企业家，在全市各区、各系统展开人工智能知识教育普及活动，覆盖党员干部近万人。天津港保税区更是同知名企业联合共建人工智能产业示范基地和人工智能体验中心。位于该区的人工智能体验中心平均每天组织人工智能科普活动超 3 次，每年覆盖人数超 2 万次。通过建设人工智能体验中心，组织党员干部企业以及人民群众参观和近距离接触人工智能前沿科技进展应用和发展趋势，进一步增强他们对人工智能的深层次了解，为充分发展人工智能技术推动经济发展升级提供了生动的案例。

当前，在奋力实现"两个一百年"奋斗目标、中华民族伟大复兴中国梦的关键时期，构建符合时代潮流的、能够持续前进的现代化政府治理体系和治理能力迫在眉睫。伴随着人类进入信息化、智能化时代，人工智能新技术为推进政府治理现代化提供了难得机遇，要不断锐意进取，充分利用新技术、创新思维，拥抱智能化时代的到来。在政府治理改革创新上，以更加积极的心态去推动新一代人工智能技术在政府治理体制机制改革、政府治理能力提升中的应用，形成多元、多层次的协同治理合力，降低人工智能风险、政府治理风险，打造人机协同耦合的智慧政府，提升政府治理、国家治理执行力，为推进国家治理体系和治理能力现代化提供强大的智慧动能。

※　第三章　※

人工智能与公共管理

　　习近平总书记在主持十九届中共中央政治局第二次集体学习时讲话指出，要运用大数据提升国家治理现代化水平。要建立健全大数据辅助科学决策和社会治理的机制，推进政府管理和社会治理模式创新，实现政府决策科学化、社会治理精准化、公共服务高效化。党的十九届四中全会进一步指出："完善公共服务体系，推进基本公共服务均等化、可及性。建立健全运用互联网、大数据、人工智能等技术手段进行行政管理的制度规则。推进数字政府建设，加强数据有序共享，依法保护个人信息。"如何发挥人工智能作用，提升治理现代化水平，是新时代公共管理面临的一项重大课题。

第一节　目前公共管理面临的问题

从学科意义上，公共管理的内容包括政府管理、行政管理、城市管理、公共政策、发展管理、教育经济管理以及劳动社会保障等方向。随着国家经济社会的快速发展，公共管理在社会生活中愈发重要，近些年来也取得了长足发展和显著进步。然而，与人民群众对美好生活的向往和对高质量公共生活的要求相比，当前公共管理领域还存在不少短板，面临一些较为突出的问题。

一、公共卫生

公共卫生是公共管理领域的重要组成部分，国家高度重视国民健康安全，积极推动分级诊疗等工作有序开展。2015 年，国务院办公厅发布了《关于推进分级诊疗制度建设的指导意见》，要求到 2020 年，分级诊疗服务能力全面提升，保障机制逐步健全，布局合理、规模适当、层级优化、职责明晰、功能完善、富有效率的医疗服务体系基本构建，基层首诊、双向转诊、急慢分治、上下联动的分级诊疗模式逐步形成，基本建立符合国情的分级诊疗制度。要坚持群众自愿、政策引导，鼓励并逐步规范常见病、多发病患者首先到基层医疗卫生机构就诊，对于超出基层医疗卫生机构功能定位和服务能力的疾病，由基层医疗卫生机构为患者提供转诊服务。2016 年国务院医改办等七部委联合下发了《关于推进家庭医生签约服务的指导意见》，提出要围绕推进健康中国建设、实现人人享有基本医疗卫生服务的目标，结合基层医疗卫生机构综合改革和全科医生制度建设，加快推进家庭医生签约服务。要求到 2020 年，力争将家庭医生签约服务扩大到全人群，形成长期稳定的契约服务关系，基本实现家庭医生签约服务制度的全覆盖。2019 年，国家卫生健康委办公厅发布了《关于做好 2019 年家庭医生签约服务工作的通知》，要求继续巩固工作成果，在保证服务质量基础上，稳步扩大签约服务覆盖面。要提高基层医疗服务能力，改善服务质量，着力解决群众痛点和难点问题，努力满足签约居民的健康服务需求。

但在实际执行中，优秀医生、高端医疗设备等医疗资源不断向二甲、三甲医院集中，社区医生无论是从知识储备还是诊疗经验，都有所欠缺。基层全科医生数量远不足以应对家庭医生政策的具体要求，导致家庭医生政策的宣传、落实也不尽如人意，大部分城市居民并不了解家庭医生相关政策，也极少通过家庭医生解决日常看病诊疗、导诊分诊、健康咨询等工作。这种医疗资源的不均衡，导致老百姓依然不论大病小病都往二甲甚至三甲医院跑，社区医院很大程度上成为患者开药、取药的窗口，造成了医疗资源的大幅浪费。这种状态的长期存在，不断考验着国家医疗体系的正常运转，在正常情况下尚能勉强维持，但是在突发事件下势必造成不可估量的后果。

2020 年，新冠肺炎疫情在武汉暴发后起初的一段时间内，由于缺少有效的分级诊疗模式，大量患者无论轻症还是重症纷纷涌入协和等三甲医院，造成了医疗资源的挤兑，根本无力满足病患的需求，很多病人为了输液需要等 8 小时以上，也有很多重症患者因为床位短缺，无法入院治疗。轻症、重症患者交叉感染，不能入院的患者在居家隔离期间又造成家人的感染，导致武汉医疗体系一度出现挤兑式困局。为应对疫情，火神山、雷神山两个医院火速完成建设，进行重症患者的收治，10 余个方舱医院先后投入使用，进行轻症患者的隔离和治疗，军队、兄弟省（区、市）也纷纷派出医护人员驰援武汉，截止到 2020 年 2 月 17 日，全国共有 29 个省（区、市）、新疆生产建设兵团和军队系统的 3.2 万余名医务人员赴武汉开展救治工作，投入大量人力物力后，武汉医疗秩序逐步恢复，疫情得到有效控制。

2020 年 2 月 14 日，习近平总书记主持召开中央全面深化改革委员会第十二次会议并发表重要讲话。他指出，确保人民群众生命安全和身体健康，是我们党治国理政的一项重大任务。这次抗击新冠肺炎疫情，是对国家治理体系和治理能力的一次大考。要研究和加强疫情防控工作，从体制机制上创新和完善重大疫情防控举措，健全国家公共卫生应急管理体系，提高应对突发重大公共卫生事件的能力水平。要持续加强全科医生培养、分级诊疗等制度建设，推动公共卫生服务与医疗服务高效协同、无缝衔接。要鼓励运用大数据、人工智能、云计算等数字技术，在疫情监测分析、病毒溯源、防控救治、资源调配等方面更好发挥支撑作用。

二、基础教育

教育公平是社会公平的重要基础，由于基础教育在国民教育体系中处于基础性、先导性地位，基础教育的均衡发展始终是教育公平乃至社会公平的重要内容。然而，一段时间以来，"择校热、大班额"始终是困扰我国基础教育的严重问题。2017 年 12 月，习近平总书记在中央经济工作会议中提出，要针对人民群众关心的问题精准施策，着力解决中小学生课外负担重、"择校热""大班额"等突出问题。2018 年两会期间，教育部提出，到 2018 年底基本消除 66 人以上超大班额，到 2020 年消除大班额。2018 年 2 月教育部办公厅《关于做好 2018 年普通中小学招生入学工作的通知》中，提出"十项严禁"，以期进一步解决招生入学工作中的热点难点问题，确保 2018 年治理义务教育阶段"择校热"工作取得决定性成效。

其实，"择校热、大班额"等问题的背后，反映的是基础教育发展的不均衡不充分。基础教育不平衡的问题主要存在"四大差距"（即城乡差距、区域差距、校际差距、群体差距）还比较大，基础教育基本公共服务全覆盖还有"死角"，进城务工人员随迁子女、农村留守儿童等群体平等受教育权利还需要进一步保障等。不充分的问题主要体现为：虽然基础教育质量有待进一步提高，教育的差别化、个性化供给不足，优质教育资源难以满足家庭不断增长的需求等。特别是城乡之间基础教育资源差距明显，城市学校的基础设施建设远超乡村，硬件设施、教师资源都优于乡村，因此城市周边学生向城市集中，造成教育资源相对性不足。在城市里，优质资源又向重点校、私立校集中，重点校和非重点校之间师资力量也存在较大差距，由此衍生出诸如重点校名额难求、重点班人数过多、学区房价居高不下等一系列问题，甚至学校对学生减负后，家长又纷纷将孩子送进了各种补习班，在造成大量社会资源浪费的同时，影响了孩子的身心健康发育。因此，在社会经济发展不平衡的现实基础上，要想从根本上解决教育资源不平衡不充分的问题，是一个重大社会难题，亟须从理念、政策、资源、技术等各个方面予以解决。

三、城市管理

随着城市化进程的不断加快，城市管理的重要性日益凸显。习近平总书记指出，城市管理搞得好，社会才能稳定、经济才能发展。提高城市管理水平，要在科学化、精细化、智能化上下功夫。然而，不少城市的科学化精细化智能化管理水平还远远不够，与人民群众美好城市生活的向往存在较大差距。

在城市管理中，存在的突出问题主要有：在城市治理中，存在重建设、轻管理的现象，粗放型管理思维和模式使得不少城市管理的老大难问题长期得不到有效解决。例如，交通拥堵的"痛点"问题、环境污染和公共卫生的问题、公共道路被随意侵占及停车难的问题、基础设施建设

速度跟不上的问题、公共服务产品质量不高的问题、非法
违章建筑管理难的问题、居民小区房产物业纠纷的问题、
群租带来的隐患问题、城市小广告"牛皮癣"的问题，等
等。这些问题的长期存在，体现的是高速城市化进程中的
粗放式管理模式和落后的管理能力。在城市管理中，还存
在政出多门、"九龙治水"的城市管理体制问题，一些派
驻执法机构与基层政府的"条块"权责、管理关系和执法
机制有待理顺；基层社区和一线执法力量薄弱、综合素质
亟待提高、经费保障严重不足、人员待遇普遍偏低、晋升
渠道亟须完善；城市管理和执法部门信息化水平有待进一
步提升，与相关部门之间的数据共享、信息共享机制尚未
建立，未能形成不同城市行政主体间的高效配合；等等。
这些问题的存在，严重影响了城市治理体系和治理水平的
现代化，而如何运用人工智能技术，为真正解决好城市
管理中的"难点""痛点"和"堵点"提供技术支持，促
进城市管理的现代化水平，是现代公共管理的一个重大
课题。

四、舆情治理

随着信息技术的快速发展，互联网的普及程度越来

越高。习近平总书记多次强调，过不了互联网这一关，就过不了长期执政这一关。而网络舆情的及时发现和应对，是过互联网这一关的重要内容，也是现代公共管理工作的重点内容之一。2月6日至7日的这个夜晚，被舆论称为新冠肺炎疫情"吹哨人"的李文亮医生的死讯，掀起了新冠肺炎疫情以来中国全网范围最大的一次舆论海啸。就此事件，经中央批准，国家监察委员会决定派出调查组赴湖北省武汉市，就群众反映的涉及李文亮医生的有关问题作全面调查。人民网就此做出评论："民有所呼，我有所应。从人民'刷屏'聚焦到中央做出上述决定，不到半天时间。中央果断派出高层次调查组，足见对此事的高度重视。全面调查、还原真相，一查到底、绝不姑息，这是人民群众的殷切期待，也是中央发出的强烈信号。"这一事件也是近年来网络舆情事件的一个典型代表，事发突然，在网友高度关注的同时，各种敌对势力借助网络通过抹黑、造谣等方式形成负面消息的爆炸式传播，对我们的舆情管理工作造成极大挑战。

综上，随着社会发展，公共管理工作难度不断加大，传统的管理模式、管理手段已经不能满足需求，有限的人力资源和群众日益增加的美好生活需要之间的矛盾愈发尖锐，纷繁复杂的工作交叉，互联网信息的快速传播，各种突发事件的不断涌现，对提升公共管理水平提出了更高要求，也带来了诸多挑战。如何通过大数据、人工智能等技术的应用，应对这些挑战、解决这些问题，不断提高公共管理现代化水平，是现代公共管理的一个重大时代课题。

第二节　人工智能助推公共管理能力提升

近年来，人工智能技术飞速发展。人工智能以机器学习、数据挖掘为两大技术核心，两者技术范畴上有所交叉。机器学习又包含对抗学习等诸多种类，其中备受瞩目的就是深度学习。按照拓扑结构分类，深度学习可分为卷积神经网络、循环神经网络和全连接神经网络，并通过算法框架实现深度学习过程。在机器学习与数据挖掘的技术之上，实现了目前市场上最常见的三大技术应用，即计算机视觉、智能语音技术和自然语言处理①。人工智能技术的不断完善，使其规模化应用逐渐成为可能。将人工智能积极运用于公共管理领域，有助于提高公共管理能力，促进公共管理水平，主要表现在以下几个方面。

---

① 亿欧智库：《2018 人工智能赋能教育产业研究报告》，2018 年 3 月。

一、提高公共服务效率

所谓公共服务效率是指公共服务资源投入与公共服务效果产出的比率以及公共服务资源分配的有效性。公共服务效率是联系公共服务资源和公共服务效果的核心环节，公共服务效率的提高可以在保持公共服务效果不变的前提下节省公共服务资源，从而使作为公共服务主要承担者的政府有可能避免预制过多的服务能力，甚至适当延伸政府服务职能，通过设计合理的制度支排，而将更多的精力放到公共服务的长远和可持续发展上。①

在公共管理人员相对不足，公共服务效率受到一定影响的情况下，如何梳理业务流程，寻找服务工作中的可替代环节，通过人工智能、大数据等技术，对时间占比高、重复性强的工作进行技术改造，打破服务的地域、部门壁垒，创新公共服务手段，进而提高公共服务的效率和质量。

2020年1月26日，国家卫生健康委办公厅发布了《关于加强基层医疗卫生机构新型冠状病毒感染的肺炎疫情防

---

① 曹望华:《公共服务效率的三重价值内涵》,《经济与社会发展》2011 年第 11 期。

控工作的通知》，指出，在加强基层医疗卫生机构疫情防控工作中要注重运用信息技术手段提供支撑，主要通过线上形式对基层医务人员开展疫情防控知识培训。可通过家庭医生签约 APP、有线电视网络、电话、微信、智能语音提醒等手段与管理对象开展信息互动，做好健康监测和随访服务。加强区域信息共享，向辖区居民精准、及时推送疫情防控和健康教育信息。有条件的基层机构可开展咨询和分时分类预约筛查，疏解门诊流量，防止交叉感染。

为配合疫情防控，腾讯、科大讯飞等科技企业纷纷投入技术力量，进行疫情发热地图、防控外呼机器人等产品的开发。

2020 年 1 月 27 日，国家卫生健康委宣传司联合腾讯健康发布了"新型冠状病毒感染的肺炎医疗救治定点医院和发热门诊导航地图"，公众通过微信"搜一搜"功能，搜索"定点医院"或"发热门诊"，即可查看当地"发热门诊地图"（见图 3—1），也可通过目标城市的筛选，查看其他区域的发热门诊分布。该地图上线当天即包括了各省、自治区、直辖市及新疆生产建设兵团的 363 个城市，1512 家医疗救治定点医院和 11594 家发热门诊，并且根据防控疫情变化随时更新。该地图可以让发热病人及时选择距离最近的定点医院或发热门诊就医，减少了盲目求医

图 3—1 腾讯发热门诊地图

的风险，也降低了无关人员感染的风险。

科大讯飞依托其核心技术研发的"智医助理电话机器人"（见图 3—2），可以对重点人群进行快速筛查和疫情宣教，极大地缓解排查工作压力，同时避免交叉感染。自2020 年 1 月 21 日—3 月 4 日期间，全国各地卫健委、医生充分利用"智医助理电话机器人"给居民打电话、发短信，辅助进行重点人群发热筛查和跟进随访，推送疫情防控和健康教育信息，累计服务 2132 万人次，筛选出伴发热症状 2.7 万人，流行病学史阳性 4.6 万人，流行病学史阳性伴发热 2392 人，快速提升了各省市的疫情防控工作成效。

相关技术和产品的应用，在此次疫情中发挥了巨大的作用，通过多路并发、自动数据分析、自主汇总结果等技术，完成了单纯依靠人力根本无法完成的工作，在极大程度上缓解了基层工作人员的工作量，为疫情防控决策提供了有效的数据支撑，大幅提升了疫情防控效率。同时，工作者不用面对面排查，成功避免了被病毒感染的风险，也减少了排查时间，节约了社会资源。总结疫情经验，未来，基于人工智能技术的分诊、导诊、病史采集、辅助诊

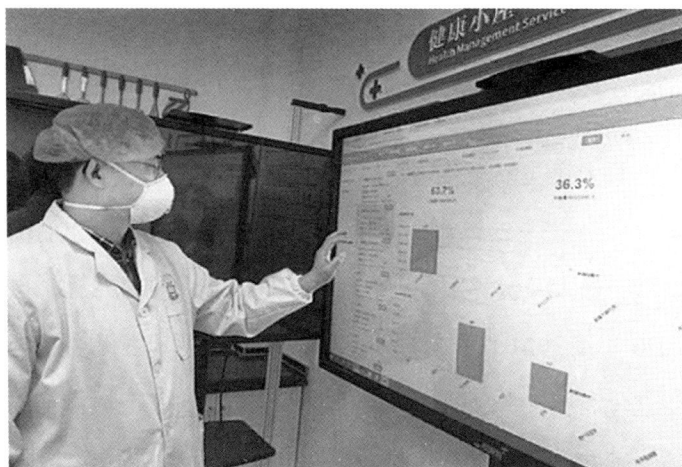

图 3—2　医生使用"智医助理电话机器人"进行筛查

断等技术必将进一步改变医疗机构诊疗模式，无接触式的挂号分诊系统、互联网医院将成为医疗技术发展的新方向。

在日常公共管理中，人工智能技术也有很好的应用。随着经济的发展，越来越多的人成为有车一族，由于停车不便造成车辆被挡进而发生纠纷的情况也日益增多。过去，如果发现自己的车辆被挡，对方又没留联系方式，就会非常麻烦，必须通过报警等方式解决。现在，在广东省通过"粤省事"微信小程序即可解决这个问题，该小程序加载了"一键移车"功能，只要输入挡住车的车牌号，就会直接发信息到对方的手机号上通知移车，减少了114、110等专线的呼叫量，相关事件的处理也更加便捷、快速。这就是打通数据带来的创新服务，进而提升了公共服务的效率。

二、提升公共决策的科学性

决策的科学性和决策质量的提升是公共管理非常重要的环节。传统的公共事务决策，由于收集信息有限，一些领导干部在日常的工作过程中，对于那些经常出现的问题，多是按照固定思维模式和原有处理方法进行决策和处

理，而对于一些新发事件和突发事件，往往不知所措或者
"拍脑门做决定"，这在一定程度上会增大决策难度，导致
决策精确化程度不高，进而影响决策科学性，给后续工作
带来不良影响。

　　社会发展进程中，会不断衍生出大量突发事件，给
公共管理者带来极大挑战。其实，这些看似突发、孤立的
事件背后，存在着千丝万缕的联系，有大量的触发因素
导致了事件发生。全球复杂网络权威巴拉巴西研究认为，
93%的人类行为是可以预测的，如果能够将事件数字化、
公式化、模型化，那么大部分复杂事件的发生都是有规律
可循的。① 随着信息技术的不断发展，通过数据对公共事
件、突发事件抽丝剥茧，事先寻找踪迹逐渐成为现实。进
入大数据时代后，各类数据的采集能力大幅提升，能够迅
速形成规模化数据库，数据的分析能力也在不断完善，相
关技术的应用，对提高政府和企业的决策能力大有裨益，
也为领导干部实现事先预测、临危不乱提供了技术支持。
对于领导干部而言，如何通过对大量与事件相关的内外部
数据的分析，及时抽取有价值的信息，并以此为基础进行
科学的决策研判，不断提升对数据的掌控能力，也成为重

_____

① 参见艾伯特·拉斯洛·巴拉巴西：《爆发：大数据时代预见未来的
新思维》，北京联合出版有限公司 2017 年版。

要的课题。人工智能可以全面提升更有效的决策信息支持，并根据需要为相应的决策方案提供数据支持和技术辅助，供决策者选择，从而极大提升公共决策的科学性。

　　城市化的加快推进为城市管理带来了机遇，也带来了前所未有的挑战，城市管理范围的扩大、城市管理难题的增多、老百姓需求的日益多元化迫使城市管理必须实现由"被动发现问题"到"提前预知问题"的新转型。按照《上海加强城市管理精细化"三年行动计划"（2018—2020)》文件要求，上海市虹口区城管执法局依托人工智能技术建立了"智慧城管"信息系统，利用信息化、智能化手段，有力推动城管执法工作由末端被动处置向前端主动防范转变，由粗放式集中整治向绣花式精细管控转变。(见图3—3）一是建立城市管理大数据库，分步骤推动建立覆盖街道、门店的"一店一档"数据库，涉及市容市貌的"违法

图3—3　上海市虹口区智慧城管建设

户外广告"数据库、"违法建筑"数据库，涉及在建工地、餐饮企业的"基础建设"数据库、"餐厨垃圾废弃油脂"数据库，涉及社区管理的"一居一档"数据库，进行各类基础数据的收集，支撑城市精细化管理。二是建立大数据分析辅助决策系统，利用人工智能技术，对涉及城市管理的相关数据进行统计、分析，找出问题多发区域、多发时段，发现各类投诉相对集中的单位和事件，有针对性地制定管理举措，精准执法，大幅提升了城市管理效能。三是建立网上执法管理系统，推广运用网上勤务、网上办案、网上督察、网上考核、网上投诉处置等五个系统，由过去的粗放式管理转变为目标管理、过程管理，明确了执法人员的工作职责、实施举措，提升了严格、规范、公正、文明执法水平。① 相关技术的应用和实施，解决了城市管理精细化的问题，提升了管理决策的科学性，受到人民群众一致好评。

我国社保体系可以为人民提供医疗风险的最基础保障，但是随着社会老龄化的加剧，医保资金收支压力陡增。传统的医保病历审核是由社保中心稽查人员对定点机

---

① 《上海：加快建设"智慧城管"提升城市环境品质》，千家网，2019年 2 月 21 日，http://www.qianjia.com/html/2019-02/21_325646.html。

构的医保数据进行手动抽检，对发现问题的违规事件书面告知医疗机构，缺乏有效的信息化手段，无法在事前或事中进行有效的监管，重复开药、过度医疗等现象时有发生，造成大量医疗资源的浪费。

如何做好医保资金的高效使用，人力资源和社会保障部于 2015 年发布了《关于全面推进基本医疗保险医疗服务智能监控的通知》，要求用两年左右时间，在全国所有统筹地区普遍开展智能监控工作，逐步实现对门诊、住院、购药等各类医疗服务行为的全面、及时、高效监控。

按照通知要求，东软、太平洋保险等专业机构纷纷行动，开发与医保相关的智能审核系统，并结合不同地区的实际业务需求，进行流程梳理和优化，上线符合当地需求的审核系统。相关系统可以通过大数据实时分析，进行医疗保险的全流程管理，一是实现了监管环节前移，对开具处方的医生实时进行医保规则提示，避免违规开药的情况发生；二是及时对辖区内不同医疗机构的数据进行对比，对于患者重复开药等行为及时发现并制止，从而有效规避了大量不合理医保费用支出。此外，相关系统还能对数据进行全面分析，对于区域性医保资金计划、相关政策出台给予指导，为科学管理提供保证。

以江苏某地为例，太平洋医疗健康通过与医保、医疗机构与医疗专家的共同研发、审核、论证，实现规则库本地化改造，确保了规则的逻辑性、可行性、合理性，形成精准智审规则库，提高了智审的精确度。截至 2019 年 4 月末，该地区对医疗（药）机构事前提醒 479.8 万次、涉及医疗诊疗服务和药品金额 2.12 亿元，医务人员遵从率达 91.43%，直接减少不合理支出 1.88 亿元，追回违规医保费用 515.66 万元，有效防范了各类违规行为，门诊重点监控医药费用大幅减少。①

三、维护公共服务的公平性

公平性是社会服务的基本属性。公共服务是社会再分配的重要方式，如何给人民提供公平的公共服务资源，也是考验政府公共管理能力的重要指标。但是，由于区域位置、资源禀赋、经济基础的不同，东西部差距、城乡差距都对公共服务的公平性造成一定程度的制约，特别是在医疗、教育等民生领域，急需借助人工智能等先进技术有效解决公共服务供给，优化基本公共服务。

在医疗领域，人工智能虽不能解决体制和财政等方

---

① 太平洋保险：《用智能审核化解医保控费难题》，中国网，2019 年 6 月 25 日。

面的问题，但其有助于提高基层医务人员的诊疗水平，也可以为患者的检查和处方提供建议，从而规范医生的执业行为，避免过度检查和过度处方。这有助于提高患者对基层医务人员的信任，从而帮助引导患者选择基层医疗卫生机构就诊。同时，人工智能的应用还有助于降低医疗费用的支出，提高医疗体系的运行效率和透明度，改善医疗资源的地域公平性，弥补基层医生数量和技术水平的不足，改善医患关系，最终促使中国的基层医疗卫生服务更高效、更可及、更利民①。2017 年临床执业医师综合笔试结果及合格线公布，由科大讯飞与清华大学联合研发的人工智能"智医助理"（见图 3—4）机器人以 456 分的成绩，位列安徽省两万多名考生中前 100 名，超出临床执业医师笔试合格

图 3—4　"智医助理"辅助医生进行诊断

① 赵嘉莹等：《人工智能的应用将改进中国基层医疗卫生服务效能》，《中国全科医学》2017 年第 34 期。

线 96 分，超过了安徽省 90% 以上的考生，成为全球首个通过国家临床执业医师综合笔试测试的机器人。安徽省全面推广的智医助理就是基于该技术转化的基层医生辅助诊疗系统，能够为基层社区医生提供诊断辅助，提升基层医疗卫生健康服务能力和效率，创新基层医疗卫生健康服务模式的民生工程。根据统计，截至 2019 年底，安徽全省已在 55 个县完成了"智医助理"系统部署。系统使用医生达到 30323 人，提供辅助诊断 1608.3 万次，慢病服务居民 670 万人次，协助基层医生完成 1270.9 万份电子病历，电子病历规范率达到 81.9%，已逐步成为基层医生的"智能工具书"。该技术的实施，对于进一步提升基层医疗机构、边远地区医疗机构的医疗服务水平提供了新的路径，有利于进一步缩小医疗领域的城乡差距，提升公共服务公平性。

当前我国优质教育资源总量不足、布局不合理，没有足够的教育资源支撑小班制教学，课程目标难制定、批改工作负担重、大班制教学难互动等问题，造成教师难以精准掌握班级学生学情，无法在教学过程中做到有的放矢，以至于"因材施教""精准教学"等理念难以落地。如果以传统的提升教师质量、加大校舍等硬件投入的方式进行，对相对落后地区而言，很难在短期内解决相关问题。在这种情况下，借助以大数据、人工智能为代表的智能技术，通过过程性及结果性数据精准分析学生学情，不断优化教学模式、方法与策略，实现差异化教学和精准施教成为可能的探索途径，同时利用双师课堂等信息化技术，解决了偏远贫穷地区教育资源分配不均匀的问题，让偏远贫穷地区也可以接受到优质的教育。

科大讯飞"因材施教"解决方案覆盖日常教学"备授改辅研管"全场景，运用人工智能、大数据、云计算等技术，基于知识图谱构建，通过采集日常教学过程性数据，挖掘数据价值，帮助生成个人、班级学情画像，精准定位学习盲区，系统分析学科能力、知识点掌握情况，通过优质资源智能推荐，指导教师针对性教学、学生个性化自主学习，真正实现"因材施教"。该技术已经在蚌埠、青岛等地常态化应用，取得良好应用成效，在降低学生大量重复学习时间的同时，可以帮助教师减轻85%以上的作文批改工作量，减少53%以上的备课时间。针对由于师资力量薄弱、优质教学资源匮乏导致的区域教育不均衡发展问题，该公司通过构建区域统一的同步课堂平台，帮助区域边远、贫困、薄弱学校开足、开齐课，实现对输出校优质资源的传递、辐射、收集、存储、管理和应用，发掘和释放优质资源的潜在价值。2016年开始，大别山区深处的金寨县推进智慧教育建设，与合肥市南门小学等省内名校、县内中心学校开展双师云课堂教学模式，既解决了缺师少教的现实问题，也让大山里的孩子共享了优质教育资源，从而促进了区域教育均衡发展。（见图3—5）

图3—5　人工智能技术助力教育均衡

四、降低公共管理和服务成本

传统公共管理方式对于公共管理信息的收集和资源管理配置，需要耗费大量的人力、物力和财力，若想提高公共管理水平，必须加大成本投入。而人工智能在公共管理中，可以节约大量的成本，并且能达到更优化的管理目标，使得公共管理更加规范化、精细化的同时，可以有效

图3—6　宁波"阿拉警察"APP

降低公共管理和服务成本。

"阿拉警察"APP（见图3—6）是宁波公安打造的一款服务APP，利用大数据、人脸识别、移动支付等成熟技术，整合了50余个公安服务事项，给群众呈现了一个功能覆盖全面、使用便捷高效的移动办事大厅，实现数据多跑腿、群众少跑路，大大降低了公共服务成本，也给群众生活带来极大便利。

2019年7月，京东人工智能大会全国系列活动首站在成都举行，主题为"让AI启程"。在本次大会上，京东AI发布了多个重磅消息及最佳实践成果，包括京东AI在市政、零售、客服、医疗四大应用场景下的十大实战案例。例如，"蜂巢空间"助力中国建设银行打造"5G+智能"银行。基于京东 AI 第二代蜂巢智慧空间打造的"金融太空舱"融合了计算机视觉、智能对话、语音、机器学习等技术，可通过语音、手势、触屏交互方式向建行用户提供投资理财、账户管理、生活缴费等智能服务，此外，STM（超级柜员机）可升级"金融太空舱"，这意味着凭借人脸识别技术，未来用户可以在 ATM 自助网点中办理更多的无人自助业务，实现真正的无卡、无证全业务自助办理。这极大地降低了社会成本，提升了用户体验。①

五、促进公共管理模式创新

习近平总书记在党的十九大报告中提出，要"转变政府职能，深化简政放权，创新监管方式，增强政府公信力和执行力，建设人民满意的服务型政府"。这就必须深化"放管服"改革，加快推动电子政务，打通信息壁垒，构建全流程一体化在线服务平台，助力建设人民满意的服务型政府。

通过引入人工智能，可以打破数据壁垒，解决部门间分割化导致的合作难题。同时，随着大数据技术的应用，使决策咨询参照数量庞大、种类众多的海量样本成为

---

① 《2019 京东人工智能大会举行：多个重磅消息公布》，凤凰网，2019年 7 月 30 日。

可能，并且针对突发事件收集的数据具有实时性和真实性。正因为海量数据纵横交错、相互关联、相互印证，以及数据收集和统计的自动化特性，使得事件的内外诱因和隐含引申的因素得以真实记录，最终通过智能化的挖掘手段，展现事件时间和空间上的特性，供领导干部决策参考。可以看出，基于大数据挖掘的决策咨询路径立足角度更全面、呈现事件本身更客观。

2020 年初，为有效防控新冠肺炎疫情的快速传播，教育部发布《关于 2020 年春季学期延期开学的通知》，同时提倡利用网络平台"停课不停教、不停学"。中国移动、百度、科大讯飞纷纷利用各自技术，推出停课不停学方案。百度"Apollo 智能驾驶在线学"计划面向全国高校学生开放智能驾驶在线教育资源，支持学生在家期间通过自主学习的方式探索智能驾驶，活动以升级挑战的形式由浅入深学习 Apollo 自动驾驶入门课程以及进阶课程，课程及测试阶段结束后，百度 Apollo 将评选出参与活动人数最多的 10 所高校，成绩领先的学生将获得相应奖品及证书。① 科大讯飞"停课不停教、不停学"解决方案，充分利用大数据与人工智能技术，帮助教学减负增效，得到师

---

① 《停课不停学　百度 Apollo"智能驾驶在线学"促进自动驾驶教育新发展》，未来网，2020 年 4 月 3 日。

生与家长广泛好评。讯飞教学助手 3.0 帮助近 7000 位老师，录制了 7.5 万个知识点讲解的课程视频。以山东省滨州市为例，"停课不停学"开展的前两天，各校老师在"空中课堂"上的 846 个同步知识讲解视频访问突破 1000 万，讯飞教学助手 3.0 还帮助滨州 48.6 万师生开展 52 万份作业测练，学与思、讲与练并行，弥补师生无法面对面交流的遗憾，确保学习效果。

再如，安徽省铜陵市搭建的城市超脑（见图 3—7），以市民需求为导向，通过深入挖掘城市各单位监控视频数据及各业务数据价值，依托人工智能、大数据等技术赋能，构建包括城市数据中台、人工智能智慧中枢和业务中台在内的城市数字中台，归纳整理出城市管理、社区治

图 3—7　铜陵市智能超脑秸秆焚烧自动预警

理、重点安全、民生服务、生态环保、宏观决策六大领域城市场景。在城市精细治理方面，依托城市超脑提供的AI能力，实现城市治理类事件发现量提升900%，而事件的处置时长却缩短70%，事件量增长的同时全面提升了工作效率。同时，改变传统的人工化手动化的报告模式，通过整合现有城市治理事件人工上报渠道，引入高度拟人化的智能语音客服，实现70%咨询类事件自动答复，事件工单智能辅助填写，80%诉求智能语音自动回访，极大提升了市民诉求的接听和处置效率。通过引入人工智能，实现公共管理的模式创新，有力提高了城市管理效能。

第三节　人工智能在公共管理过程中面临的挑战

人工智能在促进公共管理水平提高和服务提升的同时，也带来了一些新的风险点和挑战，需要充分正视、深入研究。

一、公共决策主体责任模糊和价值失范的风险

随着人工智能时代的到来，公共政策的选择和制定

强化了对信息技术和智能数据的依赖。但是，公共政策的制定和分析过程也涉及价值理性的问题，不能完全以技术分析工具得出的结果作为政策制定的唯一依据。很多在技术上最合理、在成本收益比例上最优的方案未必是最符合社会公共价值的方案。公共政策分析和决策的过程离不开价值导向。如果不以人民为中心，一味地依赖数据分析和数理模型得到的"最优"方案，很可能会存在价值失范的风险。因此，如何寻求技术分析和价值导向的平衡，应成为人工智能时代公共政策分析必须要回应的问题。

人工智能有其强大优势。但是人工智能也不是万能的，也可能会出现错误。人工智能高度依赖现有数据，当出现部分数据和信息的缺失、既有信息和数据在传输过程中出现变异和失真，以及未来外部环境发生变化等问题时，就可能会导致人工智能并不一定"完全智能"，最终导致人工智能在公共政策方案分析和制定环节可能会出现失误。而当依托人工智能开展的公共决策出现问题乃至决策失败，责任由谁承担？比如，发生某项重大突发公共安全事件或公共卫生事件，依托人工智能大数据模型进行事件走向和预测分析，基于此做出了某项公共决策。事后证明这项公共决策带来严重问题，责任应如何划分？我们看到，无论时代如何发展，信息技术如何日新月异，人始终是决策的主体和中心。而人工智能在公共政策制定过程中，扮演的始终是辅助性的作用。随着人工智能向更高智能级别发展，其自主性和能动性不断加强，而强大的问责制度、决策者的避责心理，将可能会导致决策主体将失败归罪于人工智能，决策责任认定上的道德风险问题开始凸显。

二、数据霸权与社会公共价值虚化的风险

谁拥有了数据，谁就拥有了未来。在人工智能时代，数据成为最重要的资源。政府在数据上的优势不在，而拥有海量大数据特别是核心数据优势的商业巨头所主导的数据霸权态势正逐渐呈现。当数据巨头比我们更了解自己，当"在线"成为一种生存方式，如何规范数据的所有权？如何应对可能带来的社会公共价值虚化的风险？《人类简史》《今日简史》作者赫拉利认为，"数据霸权"和"数字独裁"很有可能会到来。而它一旦到来，恐怕普通人很难从中逃脱。

争夺数据的比赛已经开始。到目前为止，类似谷歌、脸书等数据巨头多半采用"注意力商人"的商业模式：靠

提供免费信息、服务和娱乐来吸引我们的注意力，再把我们的注意力转卖给广告主。然而，这些数据巨头真正的业务不是销售广告，而是靠吸引我们的注意力，取得了关于我们的大量数据，这些数据远比任何广告收入更有价值。我们不是他们的顾客，而是产品。而就长期来看，只要取得足够的数据和运算能力，数据巨头就能破解生命最深层的秘密，乃至能为我们做选择或操纵我们。而一般人会发现很难抗拒这种过程。至少在目前，人们都还很乐于放弃自己最宝贵的资产（他们的个人信息），以换取免费的软件服务。如果大众未来想要阻止数据外流，可能会发现难度越来越大，几乎所有行为模式都得依赖网络特别是这些数据巨头企业。这也提示我们，在推动人工智能与公共服务相结合的过程中，要高度重视数据的公共属性，防止个别企业对数据的垄断。

三、数据分析与服务管理需求不够匹配

随着大数据、人工智能等技术的不断发展，政府等公共管理部门在信息化的基础上，纷纷上线各类智能化平台，进行各种数据的汇总、分析和监管。不能否认，大数据、人工智能等技术的应用，极大地提高了政府部门的决

策效率和服务水平，提高了为人民服务的效率，降低了政府管理的成本。但是，在实际应用中，我们也发现存在着数据过度采集、利用率低、不同部门间数据不互通等问题。

在很多地方的智能化平台建设过程中，力求做到各类数据的全面收集，甚至采集了很多无效数据，但是，在数据的分析和应用方面，却没有下大力气进行研究，造成海量数据的闲置和浪费，智能化平台的作用没有得到充分发挥。同时，不同部门的智能化平台之间缺乏有效互通，形成了一个个"数据孤岛"。相关问题在此次新冠肺炎疫情集中爆发中有所体现，一些政府部门要求填报的表格各不相同，但是收集的内容大同小异，造成基层社区人员将过多精力放在各类表格的填报中，造成大量人力、物力浪费，也引发了一些负面舆情。

因此，如何利用人工智能技术，做到数据的有效收集和分析，形成不同部门间数据的互联共享，让数据、技术更好地服务于管理需求，培养一批既具有管理能力，又掌握人工智能技术的服务团队，也是当前亟待解决的问题。

四、公共数据安全与个人隐私的风险

近几年，随着大数据、人工智能等信息技术的迅猛发展，数据资源成为本轮人工智能浪潮兴起发展的关键要素。人工智能算法设计与优化需要以海量优质数据资源为基础。数据质量和安全直接影响人工智能系统算法模型的准确性，进而影响人工智能应用安全。与此同时，人工智能显著提升数据收集管理能力和数据价值挖掘利用水平。人工智能这些能力一旦被不当或恶意利用，不仅威胁个人隐私和数据安全，甚至影响社会稳定和国家安全。

在人工智能时代，海量数据的安全和个人隐私的保障将面临较大风险，人脸、虹膜等个人生物信息的采集和应用，也有着泄露个人核心信息的风险。特别是当人工智能应用到公共管理和服务中，大量政务数据和公共数据安全的重要性更加凸显，必须给予高度重视和有效应对。

第四节　综合研判，提升公共管理质量和效能

应加强对人工智能对公共管理影响的研究，发挥优

势，避免短板，应对挑战，将技术优势转化为治理效能，不断提升新时代公共管理和服务的质量。

一、明确人工智能在公共决策中的定位和导向

当人工智能处于起步和初级阶段时，人工智能在公共管理和公共决策中的辅助地位是较为明确的。但随着人工智能由初级阶段向高级阶段的不断发展，人类对人工智能的控制能力可能会存在不确定性，倘若具有强大自我计算能力的人工智能一旦具备了独立自主意识并超出了人类控制范围之后，那将可能会给人类带来巨大风险甚至引发灾难。对此，我们需要从法律法规上对人工智能在公共管理和公共政策领域中的作用进行积极有效规制，明确人工智能在公共政策制定中只能处于辅助决策地位，不能任由其取代人类成为政策主体，更不能赋予其独立的法律人格。同时，确定人工智能参与公共政策议程后的责任分担原则。人工智能只是一个技术工具，缺乏独立人格和承担能力，无论其发展到哪个阶段，由其来承担决策失败的责任并不现实。因此，必须要明确人工智能仅仅是公共政策议程中的辅助技术手段，政策制定主体享有公共决策成果，当然也应当对决策后果承担全部责任。

人工智能作为技术工具，本身并无价值导向，但公共管理是有价值导向的。当工具理性和价值理性碰撞时，在实际运用中二者可能存在潜在张力。例如，人工智能可以通过教育大数据以提高教育质量，但人工智能既可以导致教育资源的寡头化、教育输出的精英化，也可以提高教育资源的均等化和教育输出的大众化。再比如，人工智能可以显著提高医疗质量，而医疗质量提高的重点是为了服务于少数人还是强调其普惠性？从中我们可以看出，作为纯粹技术手段的人工智能自身并无价值倾向，但公共管理的决策主体是有价值倾向的，将不同的价值导向贯穿于人工智能的运用中则会导致截然不同的结果。必须始终明确，将人工智能运用到公共管理中，其目的就是要提高公共管理的质量，提升公共管理的公共性价值，其最终目标是服务于人民群众的美好生活。

二、防止人工智能数据霸权

在人工智能时代，数据已经成为重要的战略资源。随着大数据时代的到来，几乎每个人都与网络世界相连，人们的工作、生活、社会交往的数据化程度越来越高，每个人都成了数据的制造者、传播者。而那些提供各类数据服务和应用软件的大企业却成了海量数据的拥有者，甚至会形成潜在的数据垄断和数据霸权。特别是一些大企业深度参与到公共管理、政务服务的进程中，掌握着大量的公共信息资源。而如何有效规制数据巨头企业以防止数据霸权，则是人工智能时代公共管理领域的重大课题。

对此，政府要从维系公共安全和弘扬公共价值等视角出发，加快出台有关数据采集、使用、转让、深加工等方面的法律法规，对拥有海量大数据和人工智能应用技术优势的互联网企业进行有效规制，防止人工智能霸权的出现。同时，对参与公共管理的人工智能企业，要依法对企业资质、技术水平、资本构成、实际控制人情况等进行严格审查，要明确企业责任与行为边界，确保政府在公共管理和公共决策中的主导地位，保证社会生活的公共性价值。

三、加强公共数据安全管理

在利用数据做好公共管理和服务的同时，必须下大力气做好公共数据安全管理工作。一方面，要加强技术保障。要积极总结国内外数据防护的实践经验，做好内容分析技术、加密技术、脱敏技术、数据防泄露技术等数据安全技术的应用，确保在采集、生产、传输、处理、存储等各个环节数据安全，同时注意做好过期及无用数据的销毁。另一方面，要加强数据运营保障。数据运营单位间要加强沟通，建立协同共防的数据安全机制，确保相关数据在可预见、可监管和可控制的状态下运行。做好数据预警和灾备恢复工作，同时做好相关管理人员的培训和监管，防止因为个人原因造成数据运营问题。

与此同时，还要确保数据基础设施安全。政务数据基础设施提供了数据生命周期各环节所需的基础设施、存储和处理平台等，是政务数据安全保障的基础。要做好对相关基础设施、设备的日常维护，提升安全防护等级，关注基础设施的生命周期，确保相关基础设施的正常运营和维护。

四、加快复合型人才的培养

随着社会不断发展，包括教育、医疗、城市管理、社会保障、公共组织和社会组织管理等公共管理和服务需求出现井喷式增长，相关行业均对专业的公共管理类人才提出了迫切需求。同时，人工智能、大数据等技术发展日新月异，推动先进技术和公共管理工作的有机结合，也必然成为公共管理未来的发展方向。因此，我们急需培养一批既懂得人工智能、大数据等信息技术，也掌握公共管理、公共服务理论知识的复合型人才。

2018 年 4 月，教育部印发了《高等学校人工智能创新行动计划》，提出要全面贯彻党的十九大精神，围绕科教兴国、人才强国、创新驱动发展、军民融合等战略实施，加快构建高校新一代人工智能领域人才培养体系和科技创新体系，全面提升高校人工智能领域人才培养、科学研究、社会服务、文化传承创新、国际交流合作的能力，推动人工智能学科建设、人才培养、理论创新、技术突破和应用示范全方位发展，为我国构筑人工智能发展先发优势和建设教育强国、科技强国、智能社会提供战略支撑。2019 年 3 月，教育部印发了《关于公布 2018 年度普通高等学校本科专业备案和审批结果的通知》，根据通知，全国共有 35 所高校获首批"人工智能"新专业建设资格。

在这一背景下，我们要积极推动对人工智能与公共管理相结合的复合型人才的培养和引导。应加强政府、企业和高职院校三方合作。相关院校应组织力量，探索人工智能、公共管理、公共卫生、社会保障等相关专业融合，鼓励多学科和交叉学科培养。政府相关部门要主动联系所在区域高等院校，对相关院校人工智能、公共管理等专业建设工作予以指导，给予相关政策倾斜和资金支持，有条件的要支持扩大办学规模。政府应和相关行业协会、企业联合建立行业指导委员会，制定人才培养标准。高等院校可主动对接相关企业，从其所提供的需求信息设置和调整专业和教学内容。相关院校可与行业、企业共建实习实训基地，直接将企业的先进设备、服务场所应用于实践教学，为学生提供上岗操作、实习工作的机会，实现资源共享。行业、企业与高校可共同打造人才培养和输出体系，实现"订单式"培养和输出，提高人才培养效率。同时，要坚持应用性人才培养模式。要将人工智能＋公共管理落实到细分的服务领域，提高相关技术要求，大力培养一批理论素养高、技能精湛、业务熟练的专业型应用型技术人才。

※ 第四章 ※

人工智能与法治建设

2016 年 3 月 AlphaGo 与围棋世界冠军、职业九段棋手李世石进行围棋人机大战，并最终以 4 比 1 的总比分获胜，轰动了整个世界，颠覆了人们的认知，也标志着人工智能进入蓬勃发展新时期。作为一门极具挑战性的综合性前沿交叉学科，人工智能的研究范畴涵盖了智能机器人、语音识别、图像识别、自然语言处理、专家系统、计算认知等诸多领域。

当前，随着海量大数据的支撑、计算力的提升以及深度学习算法的突破，人工智能"呈现出深度学习、跨界融合、人机协同、群智开放、自主操控等新特征"①，掀起了第三次技术发展新浪潮，催生了新一轮的科技革命和产

---

① 参见《人民日报》2018 年 11 月 1 日。

业革命，大大提高了社会生产力，方便了人们的生产、生活和交往，可谓是时代之需、发展之要、民生之盼。

2018 年 10 月 31 日，习近平总书记在主持中共中央政治局第九次集体学习时明确强调，要整合多学科力量，加强人工智能相关法律、伦理、社会问题研究，建立健全保障人工智能健康发展的法律法规、制度体系、伦理道德①。在这个科技迅速发展的时代，人工智能已经渗透到了社会生活的方方面面，甚至将触角伸到了法律领域，与法律展开了深入的"对话"。对此，《环球法律评论》专栏作家、国际知名大数据专家、牛津大学网络学院互联网研究所治理与监管专业教授维克托·迈尔—舍恩伯格（Viktor Mayer-Schönberger）有过重要论述，他指出法律大数据迸发出巨大的能量，正在以一种前所未有的方式冲击和改变着传统法律行业，可以在分析海量法律数据资料的基础上，对法律问题进行预判，得出深刻的观点和认识，研发出具有巨大价值的产品和服务。

---

① 参见《人民日报》2018 年 11 月 1 日。

第一节　人工智能服务法治建设

追溯历史，1987 年在波士顿举行了关于法律与人工智能首次国际会议，这次会议具有里程碑意义，"主要涉及的研究题目包括形式法律推理的模型、论证和决策的计算模式、运用证据推理的计算模式、多重角色参与的法律推理系统、可执行的立法程序模式、自动化的法律文献分类和总结、机器学习和电子发现的数据运用以及其他相关领域"[①]。自此之后，国际上法律与科技结合的组织、公司陆续成立，并获得了一定程度的发展。

一、人工智能成为法治建设的重要助手

作为一项战略性技术、颠覆性技术，人工智能是现代人类科技发展的高端成果与智慧结晶，已成为未来创新发展的重要支撑。人工智能在推动社会发展与进步的同时，也为法治建设现代化提供了重大历史机遇。

[①]　於兴中：《当法律遇上人工智能》，《法制日报》2016 年 3 月 28 日。

1. 人工智能的蓬勃发展有助于提高科学立法水平

法律是一门严谨的学问，原则上具有一致性，从法律概念、法律规范、法律适用到整个法律体系都遵循逻辑上的同一律和不矛盾律，前者可以排除概念和命题的歧义性与不确定性，后者可以排除推演分析的逻辑矛盾。"立法是为国家定规矩、为社会定方圆的神圣工作"①，必须保证法律法规体系的一致性，而人工智能在法律领域的运用恰好可以快速高效地完成检测任务。此外，人工智能在立法意见收集和筛选方面的应用也可以辅助地方立法，加快完善地方性法律法规体系建设，推进立法过程的科学化和高效化。

天津在这方面做出了积极的尝试，2014 年 9 月起，天津市人大常委会法制工作委员会开始使用"北大法宝"备案审查智能支持平台。该平台包含"立法项目管理、草案意见征集、法规文件公开、法规文件报备、法规文件审查、法规文件清理、立法资料管理、立法（后）评估、立法大数据分析"② 九个板块，可以用来审查案件，并进一步通过这些审查工作推进地方人大的立法，提升地方治理

---

① 习近平：《加快建设社会主义法治国家》，《求是》2015 年第 1 期。
② 蒲晓磊：《用人工智能辅助地方立法——访天津市人大法制委员会主任委员高绍林》，《法制日报》2018 年 1 月 23 日。

能力。

2. 人工智能变革司法生态，助力司法体制改革

在国际上，伴随着科学技术的迅速发展，尤其是神经网络和深度学习技术的发展，人工智能在司法领域的应用已经从简单的法律文本数据处理、法律推理分析等，向相对复杂的智能辅助办案方面过渡，开始被应用于案件裁判结果预测、法律文本自动生成以及法律咨询服务等方面。

2017 年 6 月，美国加州圣迭戈高等法院的法官向州议会提案，建议在法院内广泛使用聊天机器人，辅助法官工作，以此来促进法院建设。该提案主要内容包括：一是促进司法公开与服务，节省司法资源消耗，提高法院工作效率。二是协助法院日常工作。比如，有的法院借助该项技术接听民众拨打的热线电话，回答简单的咨询问题，传递日常的工作信息等。三是转变法院的传统工作理念，利用机器人完成简单重复的工作，使法官将注意力集中在更加复杂的工作上，以此优化法院系统工作分工，实现法官与机器人的良性互动。

此外，亚利桑那州最高法院首席大法官罗伯特·莫里斯·布鲁特尔（Robert Maurice Brutinel）出席 2019 年世界人工智能大会法治论坛时指出，该州辖区内法院正在

向完全无纸化的法院系统转变，所有案件类型和各级法院都有电子文件归档。当前，该州的民事案件和上诉案件都已实现无纸化，聊天机器人可以为民众提供便捷有效的常规法律服务，这充分说明运用人工智能技术进行数据分析、整理和传输记录是可行的。①

聚焦到国内，人工智能在司法领域的应用已经纳入国家战略。2017 年 7 月，习近平总书记对司法体制改革作出重要指示，"要遵循司法规律，把深化司法体制改革和现代科技应用结合起来，不断完善和发展中国特色社会主义司法制度"②。2019 年 1 月，总书记又进一步指出，要深化诉讼制度改革，推进案件繁简分流、轻重分离、快慢分道，推动大数据、人工智能等科技创新成果同司法工作深度融合。③

在习近平总书记的重要指示下，最高院、最高检积极主动拥抱大数据、人工智能，在推进人工智能法治建

---

① 参见［美］罗伯特·莫里斯·布鲁特尔：《人工智能在亚利桑那的现在与未来》，2019 年 8 月 30 日，http://www.reviewcode.cn/chanpinsheji/71067.html 有改动。

② 《习近平对司法体制改革作出重要指示强调 坚定不移推进司法体制改革 坚定不移走中国特色社会主义法治道路》，《人民日报》2017 年 7 月 11 日。

③ 参见《人民日报》2019 年 1 月 17 日。

设，构建人工智能法治体系方面进行了有效的实践：一是利用人工智能技术实现法律文本的自动分类、总结与提取，以此来提高电子文件的存储率和利用率，保证数据运用的稳定性与可预测性。二是及时保存电子存储信息的原始数据和元数据，并将其置于法律监管之下，避免有效证据后期被篡改或毁损。三是法院、检察院高度重视人工智能、互联网等现代科技在司法领域中的应用，深入推进"智慧法院""智慧检务"等重点建设项目，并将其相关业务在一个云平台内打通，部分实现了自动法律推理，极大地提高了司法质效和治理水平。

人工智能助力智慧法院建设。在智慧法院的建设过程中，人工智能显示出了自身的巨大优势，全方位、立体化、贯通式地辅助司法人员办理案件，体现在实现了数据信息的电子化、数据化，文书处理和案件审理的智能化，裁判预测与监督的高效化以及电子化证据标准的统一化等诸多方面。

2015年，最高人民法院提出要建设"智慧法院"。2018年4月，最高人民法院发布报告和第三方评价报告均显示，全国"智慧法院"建设已初步形成，具备了从立案阶段的智能导诉、庭审环节的语音转录到审判阶段的文书自动生成等综合性的智能辅助功能，具体表现在：

一是智能辅助文书处理。上海、苏州等地法院平台遵循"网上案件网上审"的原则，可以将纸质卷宗转化为自动编目的电子卷宗，指引办案人员进行统一的证据收集和固定；可以实现证据的自动校验，提示办案人补正或作出说明；同时还可以自动实现审理报告及法律文书的生成。一系列人工智能技术的应用，大大减轻了法官工作量，提升了工作效率，使司法文书更加标准化。

二是智能转换庭审笔录。以往庭审过程中，书记员需要对各方陈述进行快速而准确的文字记录。目前，智能语音转写系统被不少法院应用到庭审中，甚至可以将数十种地方方言精准地转写成文字，辅助书记员完成记录工作，减轻了书记员的工作负担。

三是智能辅助案件审理。基于大数据、深度学习等技术的运用，案件审理辅助信息系统通过"学习"大量相关案件，对案情的关键信息点进行分析，并和类案对比，智能给出定性量刑建议，为法官的最后判决提供辅助参考。此外，该信息系统还可以做到全程留痕、网上监督、在线评估同步化，在一定程度上保证了审判的透明度和公正性。

四是智能辅助司法服务。法院通过智能客服机器人为公众提供法律咨询服务，智能客服机器人主要有厦门法院"法制沧海"、深圳国际仲裁院"3i"等公众号类法律机器人和深圳南山司法局"南小法"等实体法律机器人。

人工智能助力检察体系的效率提升。《最高人民检察院关于深化智慧检务建设的意见》（以下简称《意见》）明确提出，要加强智慧检务理论体系、规划体系、应用体系"三大体系"建设，形成"全业务智慧办案、全要素智慧管理、全方位智慧服务、全领域智慧支撑"的智慧检务总体架构。该《意见》指出到 2020 年底，充分运用新一代信息技术，推进检察工作由信息化向智能化跃升，研发智慧检务的重点应用；到 2025 年底，全面实现智慧检务的发展目标，以机器换人力，以智能增效能，打造新型检察工作方式和管理方式。[1]

北京、杭州等地检察机关探索运行量刑建议智能辅助分析系统，通过大数据、机器学习等技术智能抓取案件事实、法定和酌定量刑情节等结构化数据，对法院判决刑期进行数据归纳、分析和智能研判，实现了检察机关量刑建议的精准化、规范化、智能化，为开展审判活动和监督工作提供了重要参考[2]。

---

[1] 最高人民检察院网上发布厅:《最高检印发意见深化智慧检务建设》，2018 年 1 月 3 日，https://www.spp.gov.cn/xwfbh/wsfbh/201801/t20180103_208087.shtml。

[2] 参见孙谦:《推进检察工作与新科技深度融合有效提升办案质量效率和司法公信力》，《人民检察》2017 年第 19 期。

3.人工智能可以辅助执法，为国家行政机关及其相关部门提供了行动参考

"天下之事，不难于立法，而难于法之必行。"作为国家行政机关及其相关部门履行政府职能、管理经济社会事务的主要方式，执法工作要顺应时代潮流和群众期待。近几年，随着人工智能技术的快速发展，"智能执法辅助机器人"、交通巡查无人机等参考性工具开始充当执法主体的得力助手，在认证与识别真实身份、防控社会风险、对抗网络黑产、防治网络犯罪、便利交通执法等方面为行政机关执法人员提供了行动参考，推进了各级政府事权的公正化和规范化。

公安系统作为国家重要的行政执法部门，坚定不移走"科技兴警"之路，积极开展"智慧公安"建设，"深入推进全面深化公安改革，大力实施公安大数据战略，着力建设智慧公安、打造数据警务，不断推进公安机关社会治理能力的跨越式发展"①。具体而言，该系统充分利用人脸识别、虹膜识别、步态识别等先进信息技术手段对现有侦查模式和防控格局进行智能化改造，促进了系统内部各部门之间的信息沟通与资源协调，并基于数据分析对各类

---

① 赵克志：《建设智慧公安打造数据警务努力推进公安机关社会治理能力跨越式发展》，《法制日报》2017年12月28日。

风险隐患进行智能化预判预警，切实提高了公安执法领域的警务管理效能与便民服务水平。可以说，人工智能正在深刻改变着公安系统的侦查办案格局、巡逻防控格局和信息情报预警格局，给公安系统带来了智慧警务新格局。近期各地公安部门通过建立疫情防控预警平台对重点疫区流动人员进行严格管控就是具体体现。

此外，人工智能技术在城市管理、交通和治安防控等领域也得到了广泛的应用，加速推进了城市治理的智能化进程。如上海市临港在2019年7月开始使用智能化无人机辅助城市精细化管理，无人机5分钟即可出勤，日飞行里程超过100公里，辅助20多位城管精细化管理315平方公里的辖区，有效提高了执法效率。广州海关在2019年12月使用人工智能技术进行智慧旅检监管试点，5G眼镜、手腕平板等智能穿戴设备可以辅助海关工作人员在人群中快速进行人脸识别和精准捕捉，一旦遇到高风险对象立即发出报警信号，而正常旅客则快速通行、无感通关，从而推动监管执法更加精准，民众体验更加友好便捷。

4. 人工智能赋能法律服务，营造良好的法治环境

人工智能可以为B端和C端个人用户提供优质的法律服务，推进公共法律服务体系建设。以B端中的企业类组织为例，法律人工智能可以为企业提供项目谈判、合同管理、财税诉讼、知识产权、收费标准等相关法律服务，在整体上集中体现为一种法律外包服务；可以实现律所、律师服务智能化，改变传统的律师和客户关系，使客户在交互关系中占据更为主动的地位。就 C 端而言，基于人工智能的智能法律助手可以提供自动法律咨询、法律检索、文件审核、案情分析等服务，切实提高个人工作效率。

目前，人工智能已经在法律服务领域得到了较为广泛的应用。"无讼"大数据智能搜索平台已积累了 8000 多万篇案例和 150 多万部法规，以诉讼案件为核心，帮助企业和律师实现诉讼案件智能匹配、管理、协同，以及案件数据的实时记录、分析。"法里"主要是在股权事务、劳动事务、合同债务、商标专利等领域，为中小企业提供智能咨询和相应的合同智能审核。"法小飞""法狗狗"等智能法律服务机器人面向普通民众，在刑事、劳动纠纷、婚姻财产、交通事故等方面回应民众的法律咨询，并给出可能的判决结果、执行建议及相关的法律条款。更有甚者，国外 CaseCrunch 公司称其智能法律机器人案情判决预测成功率达 86.6%，远高于人类律师 62.3%的成功率。

综合来看，人工智能与法律的结合是新时代法治建设的必然要求，人工智能在立法、司法、执法和法律服务等方面的技术运用取得了明显成效。然而，同人工智能与制造业、人工智能与金融、人工智能与医疗等领域的融合相比，人工智能与法律的融合较为有限。正如左卫民等学者指出，当前人工智能是一种有限的辅助办案手段，其更多助力于处理法律领域的技术性问题，比如数据的搜集与整理、法庭庭审的记录与传送、裁判文书的制作与审查等。从长期来看，人工智能作为法治建设重要助手和"参谋"的定位将不会发生变化。

二、为什么说人工智能是一种有限的辅助办案手段

1. 法律领域开放共享的数据极为有限且深度不够

毫无疑问，人工智能必须以巨量基础数据为前提，有数据方有人工智能。不同于传统的法律数字化资源，人工智能不仅要满足传统数据库对于法律信息的汇总和整理，更为重要的是，还要基于大数据做出科学预测。然而，当前我国法律领域开放共享的数据极为有限，且缺乏决策过程的关键信息，存在"燃料"不足的问题。据不完全统计，尚未上网的裁判文书占到了审结案件总量的一半，而且已上网的电子裁判文书只有简洁明了的结论，并

无反映裁判推理、决策全过程的重要数据，利用率非常有限。加之，法律领域数据还存在不客观、不稳定等问题。显然，仅仅依赖这些有限的数据资源几乎不可能取代法律人的裁判推理。

2. 实践过程中存在算法"黑箱"问题

以不充分、不客观、不稳定的数据信息来训练深度学习，必定会在数据输入与输出之间出现无法把握的变量，带来算法"黑箱"问题，使算法"引擎"表现出不透明性与不可解释性。如此一来，很容易与法律决策的透明性要求形成冲突。在中国的法律界，很多时候，我们只能获取极为有限的边缘化信息，至于整个司法过程所采用的算法以及算法的实际执行效果，更是无从知晓。

3. 司法规律和司法的特殊属性决定了行为主体只能是有意识的人

美国学者玛格丽特·简·罗丹曾言："司法源于社会，并依赖于社会场合和重复性的人类行为。"[1] 也就是说，司法活动是有意识的人参与法律实践的过程，人这一主体性要素是构成司法规律的关键所在。就此而言，人工智能只能是人这一主体从事司法实践活动的辅助性手段。此外，

---

[1] Margaret Jane Rodin. *Reconsidering the Rule of Law*. Boston University Law Review，1989，pp.797-801.

司法本身所具有的公正性、公开性、亲历性等属性，尤其是亲历性也决定了有意识的人是案件办理的主体，没有人的参与，就无所谓司法活动。

4. 人工智能现阶段的发展特征决定了其只能是办案的辅助力量

目前，人工智能的发展仍处于初级阶段，也就是人们所说的弱人工智能阶段，距离未来理想状态下的强人工智能阶段还有较长的路要走。比如说，目前大家认为机器已进入能听、会说，能思考、会判断的阶段，但实际上远未达到像人类一样的思考和判断水平。在司法实践中，法官、检察官作为办案主体，不仅要选取适用的法律法规进行严密的逻辑推理，还要依托其知识结构、工作经验、人生阅历、社会影响等主观因素进行价值判断，而人工智能当前只是一种工具性手段，充当了法官和检察官办案"助手"的角色，不可能掌握案件的最终裁判权。

5. "人工智能＋法律"的复合型人才严重短缺

法律与人工智能的深度融合需要既擅长人工智能技术又精通法律知识的复合型人才。但实际情况较为悲观，我国遭受了严重的人才瓶颈，法律界对人工智能技术相对陌生，传统意义上的法律人更习惯诉诸逻辑推理定性思维，他们对大数据算法只略知皮毛；与此同时，人工智能界技术专家对法律领域知之甚少，对法学专业的知识缺少系统学习和理解。

以"206 系统"为例，2017 年 1 月，中央政法委做出研发"推进以审判为中心的诉讼制度改革软件"的重大决策部署。2 月 6 日，韩正、孟建柱等同志到上海高院调研，召开了全市政法系统负责同志关于推进司法体制改革座谈会。会上部署了上海司法体制改革新的三项任务，其中一项就是由上海高院承担研发推进以审判为中心的诉讼制度改革的软件。因交办时间是 2017 年 2 月 6 日，为工作方便将这项任务简称为"206 工程"，将系统简称为"206 系统"，后来媒体报道时均采用了"206"这个简称。

"206 系统"的战略定位直接关系到研发与运用的方向，关系到决策能否落实，因此必须科学准确，不能犯方向性、颠覆性错误。经多方验证，"206 系统"被定位为"刑事案件智能辅助办案系统"而不是"办案机器"，起到的是"智能助理"的作用，相当于为法官、检察官、侦查员配备了一个"人工智能法官助理""人工智能检察官助理"和"人工智能侦查员助理"。

三、小结

伴随着科学技术的发展，人工智能在法律领域的运用正在逐步深入。可以说，二者的融合为立法、司法、执法和法律服务等领域的发展提供了强有力的保障，这是现代化法治建设的必然要求。然而，从现有技术和社会发展程度来看，目前人工智能只能是一种有限的辅助办案手段，难以运用于法律领域的核心工作。这就启示我们要准确把握法律发展的一般规律和时代特点，科学认识人工智能现阶段的发展特征与未来趋势，使人工智能这一利器更好地服务法治建设，不断推动人机协同，为实现人工智能司法决策提供保障。

第二节　人工智能给法治建设带来的挑战

与赋能性相伴而生的是颠覆性，法律领域欢迎人工智能"天使"的一面，同时也不得不接纳其"魔鬼"的一面。人工智能技术进入法律领域后，给法律工作赋予了新动能，将新时代的政法工作提升到了一个新水平。然而，该项技术并非完美的工具，很可能是一个"黑盒子"，其实践过程大多依靠经验，缺乏一定的理论支撑，蕴含着潜在的风险，给法律领域提出了许多新的难题。

以 2016 年英伟达公司在全球率先发布的全新自动驾驶系统（见图 4—1）为例，这套系统具有较强的学习功能，声称只需要极少的人类训练数据就能学会驾驶，且不管有没有车道标志，也不管是在城市道路还是高速公路，即使在停车场或未铺好的道路等没有明显视觉指引的地方也可以运行。汽车具备这样的能力，让人感到十分惊

图 4—1　英伟达公司的自动驾驶系统 ①

---

① 本图片来自《英伟达推新一代 AI 芯片用于全自动无人驾驶车辆》，https://baijiahao.baidu.com/ s?id=1581131496429054315&wfr=spider&for=pc。

奇，但也会令人不安。我们知道，无人驾驶汽车主要通过布置在车身上的传感器来采集相关信息，并交由人工神经网络处理，据此产生指令，发送给方向盘、刹车等动力执行部件。这个过程听起来合理，但若其做出错误的决策和操作，比如突然紧急刹车，或在红灯时加速行驶，该怎么办？就目前的现状而言，发生这种错误行为的原因难以找到，人工智能系统非常复杂，即使其设计者也对决策逻辑不完全清楚。

一、人工智能对法律原则的挑战

"平等是社会主义法律的基本属性，是社会主义法治的基本要求。"① 作为法律领域的生命线，平等体现为当事人在适用法律上一律平等，而智能机器人的出现有力冲击了平等原则，引发了人们对机器人法律主体地位以及机器人与人类之间平等问题的思考。

1.智能机器人的法律主体问题

未来机器人是否会成为法律主体，未来人类会不会被机器取代？对此一些学者给出了答案，机器人会引发法

---

① 习近平：《加快建设社会主义法治国家》，《求是》2015 年第 1 期。

律适用困难问题，机器人是按照人类的预先设计生产出来的，因此就其本质来说具有可预知性、可复制性和可分类性，而可预期的活动无法用传统的法律规范进行解释。此外，机器人是实验室的产物，没有自然人所具有的自由意志、理性、道德、伦理、宗教、规矩和习惯，只有功能系统的强弱。因此，机器人不可能具有自然人的心灵能力和道德感，只有基于程序的反复和预先设计而总结出的纯技术性行为规律，从而也就没有民事主体所必备的基于内心良知所做出的善恶评判和行为选择，只能充当法律关系的客体。相反，持有乐观态度的学者则认为，从世界范围来看，未来赋予智能机器人一定的主体地位是大势所趋，目前各国都在机器人立法方面进行积极尝试。例如，2017 年 10 月 25 日，沙特阿拉伯正式授予机器人索菲亚（Sophia）以公民资格。可见，是否将智能机器人纳入法律主体范畴，如何明确其行为能力是未来一段时间内人们关注的焦点问题。

2. 人工智能产品的责任归属问题

人与机器平等的另一维度体现为责任归属问题。随着高度自主性人工智能产品的日益普及，个人安全、社会安全和国家安全在一定程度上遭受了威胁，有些甚至关联到严重的刑事案件。然而，就当前的法律规范来看，与互联网、人工智能等新技术犯罪相关的刑事规制较为滞后，责任难以厘清。比如自动驾驶汽车事故责任到底是由程序设计者、制造商、权利人、使用者，还是由自动驾驶汽车本身来承担？事故中是否涉及算法引起的控制问题？对此，传统责任理论中"过错责任"和"无过错责任"的分析就会陷入困境。

2018年3月18日晚，优步（Uber）公司一辆自动驾驶汽车在美国亚利桑那州与一名行人发生碰撞，并造成行人死亡，这是全球首例自动驾驶致人死亡案件（见图4—2）。警方调查显示，当时这位女子推着自行车从西向东在人行横道外穿越十字路口，自动驾驶汽车自南向北撞倒了

图4—2 优步（Uber）自动驾驶致人死亡案件现场①

---

① 本图片来自《全球首例无人驾驶汽车致死案宣判Uber无刑责》，https://www.guancha.cn/qiche/2019_03_07_492657.shtml。

该名女子，女子送医抢救无效死亡。事发时，车辆处于自动控制模式，自动驾驶系统未能及时采取刹车措施，而坐在方向盘后面的安全驾驶员正在观看手机，错失了最后的避险时机，最终导致事故发生。

这起事故中的自动驾驶汽车为自动驾驶级别四级以上。按照美国汽车工程师学会（SAE）的自动驾驶级别分类（见表4—1），在四级和五级的自动驾驶模式下，自动驾驶系统在特定条件或所有条件下，从事所有的驾驶活动和功能，不再需要司机对道路状况和驾驶条件进行监测。这意味着驾驶活动已经完全从司机让渡给了自动驾驶系统，只有系统自动发出请求时，司机才会接管驾驶活动。因此，在这起事故中，安全驾驶员当时并不控制驾驶活动，对驾驶活动没有注意义务，并不承担法律责任。

表4—1 SAE自动驾驶级别说明①

级别	名称	定义
L0	无自动化	人类驾驶者全权掌握驾驶权，在行驶过程中可以得到警告。

---

① 本表来自《自动驾驶基础(二十五)——SAE J3016简要介绍》，http://www.360doc.com/content/18/0901/11/48488381_783004533.shtml。

级别	名称	定义
L1	驾驶支持	缓解手脚，通过驾驶环境对方向盘和加减速中的一项操作提供支持，其余由人类操作。
L2	部分自动化	间歇性解放手或脚，通过驾驶环境对方向盘和加减速中的多项操作提供支持，要求紧急情况下，人需要迅速接管驾驶。
L3	有条件自动化	解放手和眼，由无人驾驶系统完成所有的驾驶操作。驾驶员可以玩手机，但必须坐在驾驶舱，随时对车的请求进行应答。
L4	高度自动化	解放手、眼、脑，在限定道路和环境条件下，由无人驾驶系统完成所有的驾驶操作；根据系统要求人类不一定提供所有的应答；限定道路和环境条件。
L5	完全自动化	无需驾驶员和方向盘，无人驾驶系统完成所有操作，可能的情况下人类接管，不限定道路和环境条件。

到底谁来承担责任？在现有的法律法规下，我们很难找到明确的法律规定来进行严格的责任划分。因此，探索自动驾驶汽车的法律责任主体、事故责任认定及其相关立法建议已成为当务之急。

二、数据确权和数据使用的安全性问题

人工智能时代，数据逐渐成为现代社会基础设施的

一部分，其价值变得尤为重要。与此同时，数据的真实性、权属、分类、使用规则等问题也日渐浮出水面，构成了技术发展中的根本性难题。

1.数据所有权归属问题

随着大数据时代的来临，数据搜集、整理和维护水平大大提升，数据分析、交易日益频繁，流通速度大大加强。但是想明确大数据的所有权绝非易事，从我国现有法律制度规则来看，数据所有权归属问题尚未得到有效解决。

以人的健康医疗数据为例，目前，我国法律没有明确界定健康医疗数据的归属问题，健康医疗数据资源使用权到底归属谁，是患者、医院、医生还是采集数据的企业？这一直是医疗行业热议的话题。

2016年6月，国务院办公厅印发由国家卫生计生委等多个部门联合制定的《关于促进和规范健康医疗大数据应用发展的指导意见》，该意见作为"互联网＋医疗"行业的"指南针"，明确指出健康医疗大数据是国家重要的基础性战略资源，但并未涉及数据权属分割的问题。

有专家指出，既然我们关注的是全民健康，那么就应该将健康医疗数据当作战略性资源进行科学地管理并执行，而不是把它们当作特定个体的数据对待。对此，医疗行业形成了共识，数据是患者、医生、医院三方共同的资源，且不能直接用作盈利。目前大部分人工智能医学影像公司都是通过与医院或主任进行科研合作来获取数据训练模型的。一般来说，数据可以在科研项目的合作中使用，但使用前必须经过患者的同意并签署知情同意书，医生必须得到医院科研项目申请批复。

2. 数据使用的安全性问题

人工智能对数据的大量使用也会带来信息安全、隐私保护等问题。大量隐私数据处于无法律保护的"裸奔"地带，个人的基因、面孔、性格、住址、通讯信息、意愿、财务、兴趣等数据无处藏匿，用户在使用人工智能产品和享受人工智能服务的同时极可能成为个人信息及隐私的直接"泄密者"，数据保护面临着互联网、大数据与人工智能三者叠加的严重风险。"根据中国消费者协会发布的一项调查报告，电商、社交软件等平台过度收集消费者个人信息的现象已成投诉新热点，85.2%的受访者表示遭遇过个人信息泄露情况，比如收到推销电话、短信骚扰、垃圾邮件等"①。

---

① 樊俊卿:《保护个人信息释放大数据红利》，2020 年 2 月 13 日，https://3w.huanqiu.com/a/22b871/3x0q5rUym9f?p=2&agt=8。

巧达科技（北京）有限公司因违规搜集个人信息被查封就是现实的例证。据称，该公司数据库有 2.2 亿自然人的简历和超过 10 亿份的通讯录，并且掌握着与此相关的社会关系、组织关系、家庭关系等数据。警方查明，这些个人信息数据全部是该公司利用"爬虫"技术从不同网站窃取来的，他们通过把搜集来的信息重新合并、排列，将重名或是信息不全的信息进行"再比对"，最后形成完整的简历和用户画像，对外声称认识用户就可以预知未来（见图4—3），从中牟取暴利。①

图4—3　巧达科技声称认识用户就可以预知未来

---

① 《警方披露巧达科技案情：36 人被批捕，燃财经曾深度揭秘》，燃财经，2019 年 5 月 24 日，https://www.sohu.com/a/316161119_10016 5449。

三、智慧法院建设面临挑战

纵观当前实践，智慧法院建设在一定程度上减轻了相关部门的工作负担，提高了办案效率。然而，"司法过程不只是理性逻辑的堆砌，还有人性和情理的融合。真正的司法不光是用理性逻辑推演出来的冷冰冰的一纸判决，不会只是简单地充当'法律的自动售货机'，更应该是法理情的有机融合"①。由此可以看出，智慧法院的建设必然会面临法理挑战，主要表现在：（1）由数学理性、逻辑理性和实验理性共同构成的工具理性为智慧法院建设提供了重要保证，却在某种意义上消解了司法的法治意义；（2）智慧法院推动了审判体系和审判能力的现代化，却暗藏了算法垄断问题；（3）智慧化管理模式的实践创新了主客体之间的关系，却挑战了司法的自主性原则；（4）智慧化应用推动了信息技术与司法工作的协同发展，却模糊了司法层面的一些规定；（5）法律服务外包实现了诉讼程序的便民与快捷，却在一定程度上挑战了司法的权威性和公信力。

---

① 郭富民：《正确判断"智慧法院"的司法定位》，《人民法院报》2017 年 8 月 10 日。

四、小结

诚然，不管我们接受还是不接受，人工智能正在冲击着我国的法律领域，而且其影响具有长期性和复杂性。对此，一方面，我们在发展人工智能技术时，应当保持对法律的敬畏，明确人工智能技术在法律领域运用的范围和运用条件，防止出现人工智能异化问题。另一方面，人工智能时代不能任由大数据运用在法外任性"裸奔"，要从法律上系统明确数据资源所有权的归属和数据保护原则，规避算法中可能存在的偏见及其潜在危害，切实打通创新链、应用链、价值链。

第三节　人工智能的发展需要法律保障

解铃还须系铃人。面对人工智能在法律领域运用过程中存在的难题，还需回到领域自身，制定完善相关政策措施与法律法规，防范对人工智能形成"路径依赖"，以法律手段促进人工智能的健康有序发展。对此，世界各国进行了很多有益的探索。

美国积极加快人工智能方面的立法，内容涉及人工智能的前瞻性研究、人工智能对国家安全的影响、开放政府数据等，如《人工智能国家安全委员会法案》《开放政府数据法》等。美国政府还成立多个专门机构，推动并监督人工智能的发展。2018 年 5 月，白宫宣布成立人工智能国家安全委员会，负责考察人工智能在国家安全和国防中的法律、伦理道德问题。此外，白宫管理与预算办公室还将设立首席数据官委员会。2019 年 8 月，美国国家标准与技术研究院（NIST）发布了关于人工智能技术和道德标准指导意见，要求标准应足够严格、灵活，而且要把握出台时机，增强设计责任机制的公平性和透明度，建立符合伦理、法律要求的人工智能架构。

欧盟秉持以人为本的理念发展人工智能。德国已于2017 年 6 月发布《自动和联网驾驶》20 条伦理原则。英国将伦理道德放在发展人工智能的核心位置，成立了数据伦理和创新中心，负责实现和确保数据安全的创新性应用。欧盟在 2018 年 4 月发布的《欧盟人工智能》战略报告中将确立合适的伦理和法律框架作为三大战略重点之一；6 月专门成立了人工智能高级小组（AI HLG），负责预测人工智能的机遇与挑战；并于 2019 年 4 月发布了《人工智能伦理准则》，列出了实现"可信赖人工智能"的七个关键要求，"即人类能动性和监督，技术稳健性和安全，隐私和数据治理，透明性，多样性、非歧视和公平，社会和环境福祉，问责"①。此外，欧盟委员会还于 2020 年 2 月 19 日发布了《人工智能白皮书》，提出要建立一个"可信赖的人工智能框架"。

我国也不例外，不断加快制定政策法规，引导人工智能产业快速有序发展。2017 年 6 月，颁布实施了《中华人民共和国网络安全法》，突出强调了对个人信息的保护。其中第二十二条明确指出，"网络产品、服务具有收集用户信息功能的，其提供者应当向用户明示并取得同意；涉及用户个人信息的，还应当遵守本法和有关法律、行政法规关于个人信息保护的规定"。次月，国务院印发《新一代人工智能发展规划》，将人工智能上升至国家战略层面，明确了我国新一代人工智能发展目标。同年 12 月，工信部印发《促进新一代人工智能产业发展三年行动计划（2018—2020 年）》，按照"系统布局、重点突破、协同创新、开放有序"的原则明确了主要发展任务，强调要推进人工智能和制造业深度融合。2018 年 9 月，第十三届全国人大常委会进一步将《个人信息保护法》列入本届立法

① 腾讯研究院：《智能时代的技术伦理观——重塑数字社会的信任》，2019 年 7 月 8 日，https://www.sohu.com/a/330511959_405262。

规划。

面对人工智能给法律领域带来的深刻影响，未来我们将一如既往，继续加强人工智能时代的法治建设，全面推进科学立法、公正司法、严格执法和法律服务工作，实现法律与人工智能的有机结合。

一、科学立法，建立完善的数据开放和智能治理法律体系

2017 年国务院印发的《新一代人工智能发展规划》中，提出了三步走的战略目标要求，"到 2020 年，人工智能总体技术和应用与世界先进水平同步"，"部分领域的人工智能伦理规范和政策法规应初步建立"。没有规矩，不成方圆。技术的发展变化需要相关法律法规保驾护航。

1. 加快数据立法研究，保证数据应用有法可依

面对大数据背后的风险问题，我们应遵循包容审慎的原则加快为数字经济立法，保证大数据的应用有法律依据。互联网数据开放是有一定限度的，要在合法合规的前提下进行，保证基于正当目的的数据开放不对隐私保护造成影响。从立法层面来看，要想明确数据所有权归属问题，增强数据使用的安全性，就应在数据运用过

程中对症下药，立足问题导向和目标导向，逐步建立和完善相关法律制度和使用规则，从法理上给出明确的解释，比如通过完善知识产权法为数据安全提供保障就是一条新的路径。

以新冠肺炎疫情防控为例，《传染病防治法》中规定了"县级以上地方人民政府卫生行政部门应当及时向本行政区域内的疾病预防控制机构和医疗机构通报传染病疫情以及监测、预警的相关信息"，但并未明确哪一级地方政府有权收集当地运营商提供的与疫情防控有关的数据，也没有明确应该开放共享的数据范围以及开放的时间节点。因此，有必要进一步出台《传染病防治法》实施细则，明确各级政府对疫情防控数据的收集权限，以及政府各部门及相关企业提供与疫情防控有关数据的安全责任。

2. 注重前瞻性治理，建立清晰的权责关系

人工智能要想获得良性发展，必须专注智能机器的系统性功能，清楚其目前能做什么、不能做什么以及将来也不可能做到的事情，为数据治理提供有效的立法框架，建立具有前瞻性和操作性的立法体系，明确相关参与主体之间（技术开发人员、生产商、用户等）的义务分配问题，明确技术研发与运用过程中的相关民事与刑事责任、隐私

和产权保护、机器伦理等问题，理顺设计者、使用者、监管者之间的权责关系，避免责任碎片化与模糊化。

近年来，伴随着自动驾驶技术日益成熟，我国开始从战略层面加快完善产业发展和道路测试等法律法规和标准规范。自 2018 年开始，交通运输部自动驾驶专题研究组就围绕自动驾驶法律、法规开展了专项研究，起草了促进自动驾驶发展的指导意见，优化了自动驾驶法律法规体系。接下来，我们应正视自动驾驶事故责任背后的法律真空地带，从立法层面发力，将自动驾驶法列入全国人大常委会的立法计划，通过刚性的法规条款解决该技术在行政法、民法、刑法等领域的事故责任问题，切实做到有法可依、有章可循。

二、公正司法，规范人工智能的司法运用

在信息时代的大背景下，人工智能在介入司法审判的过程中也面临着新的挑战。为了更好地推进司法现代化，切实维护好社会的公平正义，还需要处理好制度体系、执行效能、人才培养等方面的问题。

1. 建立高效的法治实施体系，保障技术健康有序发展

党的十八届四中全会通过的《中共中央关于全面推进

依法治国若干重大问题的决定》强调："法律的生命力在于实施，法律的权威也在于实施。"立足我国的基本国情，加快建立高效的法治实施体系，"构建开放、动态、透明、便民的阳光司法机制"① 是当务之急。"法律是国之重器，良法是善治的前提。"只有不断健全完善现有法治体系，才能为技术的创新发展提供良好的法治环境。

2. 诉诸司法解释解决实践难题，增强法律的执行力

要想坚持公正司法的底线，规范人工智能的司法运用，还需诉诸司法解释为当前尚无法律依据的人工智能案件寻求解决办法。2019 年 11 月 1 日，《最高人民法院、最高人民检察院关于办理非法利用信息网络、帮助信息网络犯罪活动等刑事案件适用法律若干问题的解释》的施行，就是一次有意义的司法实践。《解释》对拒不履行信息网络安全管理义务罪、非法利用信息网络罪和帮助信息网络犯罪活动罪的定罪量刑标准和有关法律适用问题进行了明确而具体的规定。例如，拒不履行信息网络安全管理义务，致使用户信息泄露，具有"致使泄露行踪轨迹信息、通信内容、征信信息、财产信息五百条以上的""致使泄露住宿信息、通信记录、健康生理信息、交易信息

---

① 习近平：《加快建设社会主义法治国家》，《求是》2015 年第 1 期。

等其他可能影响人身、财产安全的用户信息五千条以上的""造成他人死亡、重伤、精神失常或者被绑架等严重后果的""造成重大经济损失的""严重扰乱社会秩序的"等八种情形之一的，应当认定刑法规定的"造成严重后果"。可见，这一司法解释有利于有关部门准确掌握定罪量刑标准，依法严厉惩治和有效防范网络犯罪，共同参与营造安全有序、风清气正的网络空间。

3.培养复合型法治人才，推动法律与人工智能深度融合

司法机关要借助高等院校这一平台培养既懂法律又懂人工智能的双栖人才，有效打破技术人员对人工智能算法的垄断，促进算法决策过程透明化，不断优化各类人工智能办案系统。截至目前，西南政法大学、北京大学、上海政法学院等院校已经建立了人工智能法学院、法律与人工智能研究中心，通过与最高法、最高检以及人工智能企业的合作，联合培养复合型法治人才。

三、严格执法，强化规则意识

人工智能最核心的部分是算法，而算法本身就是规则。人工智能在执法方面的运用本质上就是一种具有确定性的规则服务。因此，要想实现人工智能与法律领域的深度有序融合，就必须提升规则意识，专注智能机器的功能，严格执法。

1. 健全执法监督机制，提高行政执法水平

要想提高执法效能，必须强化对各级行政权力的制约和监督，健全公开透明的人工智能监管体系，创新监管方式，实现对数据运用、算法设计、产品开发、技术成果应用的全过程监管，加大执法检查力度，扎扎实实地把各项任务落到实处。比如，可以为个人在更加细微的环节中如何处理其数据提供政策引导，以此来提高对个人数据的监督力度，保障数据使用的透明度，有效防范风险。

2. 加强技术监管，推动执法规范化建设

人工智能的发展并不是漫无边际的，需要社会层面的规约，特别是法律的监管。也就是说，要加强关于人工智能的规范性研究，遵循市场机制完善技术标准和行业安全标准以及相关法律法规，以普惠和安全为目标推进技术革新，保证在创新过程中严格责任、按章办事、规范执法。

在我国，贵阳较早探索了人工智能规范化监管与发展，为我们做出了示范。2017年以来，贵阳在全国率先出台了《贵阳市政府数据共享开放条例》《贵阳市大数据

安全管理条例》和《贵阳市健康医疗大数据应用发展条例》
三部地方性法规，规范了大数据的开放层级，细化了政府
及主管部门责任，实现了对重要大数据安全风险的全天候
实时、动态监测，规范了医疗大数据的"聚、通、用"，
为执法部门公开行政执法数据、防范数据安全风险、规范
数据应用提供了行动指南。

四、全民守法，彰显法治力量

与人工智能相关的技术治理是一项集体性事业，是
所有利益相关者需要共同参与和面对的问题，广大群众也
不例外。亚里士多德曾经指出，良法的真正价值在于人民
的遵守。这就启示我们要将守法提到与立法、司法、执法
同样的高度，弘扬社会主义法治文化，提高公民法治素
养，营造人人尊崇法律的社会氛围。

1. 多元互动，寻求最大公约数

法律是人民意志的体现，一切法律中最重要的法律，
"没有刻在大理石或者青铜器上，而是刻在公民心里"。[①]
要想寻求人民意志的最大公约数，就要建立有效的沟通协

---

① ［法］卢梭：《社会契约论》，袁浩译，北京理工大学出版社 2018 年
版，第 71 页。

调机制，促进人民群众与政府、产业界和人工智能研究人员、法律人的对话交流，积极了解人民群众在技术发展、公平正义、法治安全等方面的诉求，科学防范技术应用可能带来的社会问题，从法律层面保障人民群众的切身利益，给人民群众带来"看得见的正义"，增强人民群众对法律的认同感和信任度。

2. 坚持奖惩并重，推进全民守法

全民守法是推进依法治国的重要基石。要想使全民守法成为一种常态，就要诉诸"胡萝卜加大棒"的激励方式建立保障机制，完善人工智能法律法规、伦理规范和政策体系，保障守法者在人工智能技术研发运用过程中获得更多发展机会和空间；同时也要使顶风违纪、投机取巧等不良行为无处遁形，形成强大的震慑力，切实发挥法律"扬善惩恶"的社会功能，增强全社会法治意识，为人工智能的健康发展营造浓厚的法治氛围。

五、小结

人工智能不仅是一项新技术，更是一种新的社会现象，其发展关乎人与自然、人与人以及人自身关系的发展变化，故而要坚持以人为本和可持续发展的向善理念，加

强人工智能法律问题研究，积极推动人工智能法治建设，成功地将技术层面的现实性转化成为法律意义上的现实性，实现法律与技术的良性互动，为社会、国家乃至整个世界带来福祉。

※ 第五章 ※

人工智能与社会民生

　　这是一个新时代，也是一个智能时代。习近平同志指出，人工智能是引领新一轮科技革命和产业变革的重要驱动力，正深刻改变着人们的生产、生活、学习方式，推动人类社会迎来人机协同、跨界整合、共创分享的智能时代。①人工智能作为一种颠覆性的技术革命，正在突飞猛进、如火如荼地发展。时至今日，人工智能已深入到社会民生的各个领域。

---

① 《习近平向国际人工智能与教育大会致贺信》，《人民日报》2019 年5 月 17 日。

第一节 人工智能在社会民生中的广泛应用

继"互联网+""人工智能+"成为产业发展的重要趋势，数据驱动、场景为王、技术融合等也都成为推动产业发展的关键词。人工智能的本质和前提是数据和场景，人工智能技术通过分析大量历史数据，从中学习总结相应知识，建立相应模型对以往的数据进行解释并预测未来，帮助各行业削减成本、提高效率。行业的数字化程度是人工智能技术落地的发动机，数据是人工智能的燃料。目前各行业数字化程度参差不齐，受移动互联网的影响，金融、零售和内容行业数字化水平较高，将率先落地 AI 场景应用。

人工智能产业链包括三层：基础层、技术层和应用层。其中，基础层是人工智能产业的基础，主要是研发硬件及软件，如 AI 芯片、数据资源、云计算平台等，为人工智能提供数据及算力支撑；技术层是人工智能产业的核心，以模拟人的智能相关特征为出发点，构建技术路径；应用层是人工智能产业的延伸，集成一类或多类人工智能基础应用技术，面向特定应用场景需求而形成软硬件产品或解决方案。①

可见，人工智能的发展最终还是要落地于应用。人工智能应用落地的标准有三个，一是看得见摸得着的真实应用案例，二是具备规模化应用和推广的能力，三是能够用统计数据说明应用成效。

下面分别从一些典型行业来看人工智能技术的应用。

一、智慧农业

人工智能技术在我国农业领域广泛应用，把农业带入数字化、信息化和智能化的崭新时代，形成农业发展的新业态——智慧农业。智慧农业是农业未来的一场深刻变革，它以人工智能技术为核心，实现了现代信息技术及智能装备技术在农业领域的应用。

具体而言，智慧农业就是按照农业发展理念，充分应用现代信息技术成果，以信息和知识为生产要素，通过互联网、物联网、云计算、大数据、智能装备等现代信息技术与农业深度跨界融合，实现农业生产全过程的信息感

---

① 前瞻产业研究院：《2018 年中国人工智能 100 强研究之产业链分析分为基础层、技术层和应用层》，2019 年 7 月 4 日，https://www.qianzhan.com/。

知、定量决策、智能控制、精准投入和个性化服务的全新
农业生产方式。[①] 智慧农业实现了农业可视化远程诊断、
远程控制、灾害预警等智能管理，是农业信息化发展从数
字化到网络化再到智能化的高级阶段，是继传统农业（1.0
时代）、机械化农业（2.0 时代）、生物农业（3.0 时代）之
后，中国农业 4.0 时代的核心内容。

　　比如陕西省西安市依托人工智能技术，促进精准农
业发展，助力精准扶贫。通过运用农业大脑，调动智能设
备进行喷洒灌溉，记录甜瓜的日照时间、施肥量等信息。
甜瓜的整个生产生长过程全部实现了数字化，从测土、育

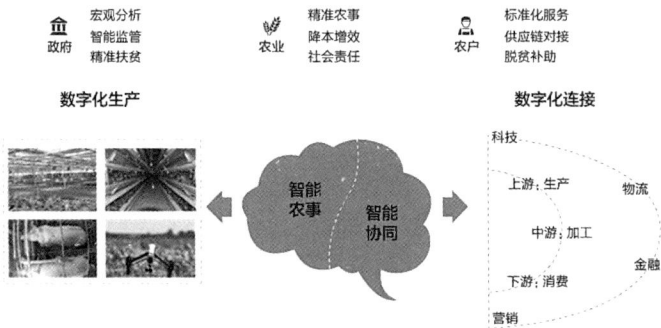

图 5—1　西安市应用人工智能技术种植甜瓜

---

① 赵春江：《人工智能引领农业迈入崭新时代》，《中国农村科技》
2018 年第 1 期。

苗、移栽、开花、结果，农民用手机就可以精确了解浇水、施肥、授粉、缠蔓等耕作信息，不再需要靠经验判断也不用打激素，通过系统指导，完成科学标准化的种植操作，确保在每个甜瓜品质最佳时点采摘。普通甜瓜的甜度在 13°到 16°，使用了人工智能技术种植的甜瓜，平均甜度可以达到 20°。通过"瓜脸识别技术"，还能判断出甜瓜的成熟度。目前，应用"农业大脑"种植的西安阎良甜瓜已经超过 2600 亩。[①]

二、智能家居

随着生活水平的提高和技术的发展，人们对居住环境的体验有了更多诉求，智能家居概念应运而生。智能家居指的是在家庭场景下，基于物联网技术，对硬件设备实现远程控制、互联互通，并最终通过收集、分析用户行为数据，实现自我学习，为用户提供个性化生活服务，使家居生活更加安全、舒适、节能、高效、便捷。[②]

智能家居是在互联网影响之下的物联化体现。智能

[①]　参见中国人工智能学会：《中国人工智能系列白皮书——智能农业》，2016 年 9 月。

[②]　阿里巴巴：《人工智能实践与趋势》，2019 年 9 月。

家居通过物联网技术将家中的各种设备（如音视频设备、照明系统、窗帘控制、空调控制、安防系统、数字影院系统、影音服务器、影柜系统、网络家电等）连接到一起，提供家电控制、照明控制、电话远程控制、室内外遥控、防盗报警、环境监测、暖通控制、红外转发以及可编程定时控制等多种功能和手段。[①] 与传统家居相比，智能家居不仅具有传统的居住功能，更兼备建筑、网络通信、信息家电、设备自动化，提供全方位的信息交互功能。

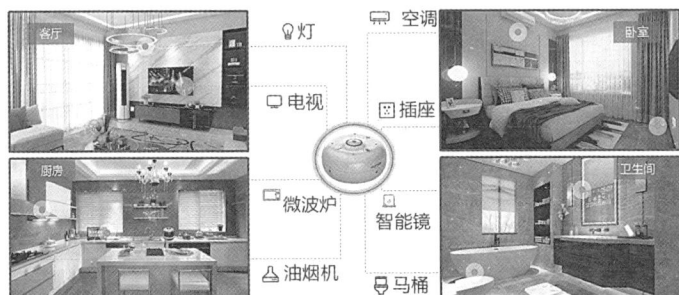

图 5—2　智能家居的应用场景

　　智能家居的控制中心是建立智能家居场景的核心之一。智能音箱作为智能家居 1.0 时代的控制中心，引领了一波智能家居的热潮。在智能家居 2.0 时代，更加小巧轻

---

① 唐皓：《漫谈智能家居》，《中国连锁》2017 年 8 月。

便、支持嵌入式的设备开始出现。魔飞智能麦克风就是其
中之一，它可以通过直接嵌入墙体内，具备远程控制能
力，并且在不使用的时候自动或手动关闭，更加保护消费
者的隐私。

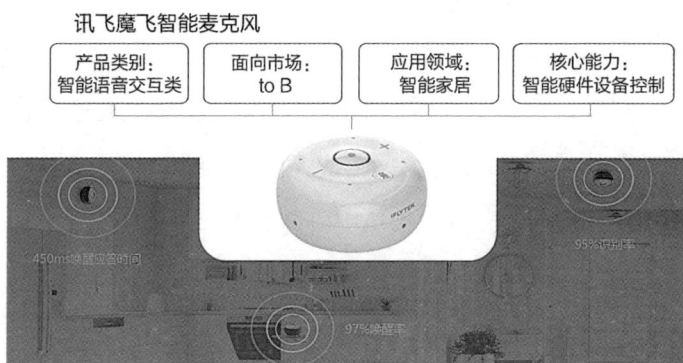

图 5—3   小巧轻便的第二代智能家居控制中心 [1]

随着人工智能技术在智能家居的普及，智能摄像头、
智能门锁、智能家庭娱乐设备将越来越多地走进现代家庭
生活。特别是 5G 网络支持海量终端设备的连接，对于智
能家居发展起到了很大的推动作用。目前，智能家居市场
规模整体呈现上升趋势，2019 年市场规模达到 1950 亿元，
其中智能化比例不到 2%，市场发展前景广阔。[2]

----

① 本图片来自《科大讯飞魔飞智能麦克风品牌宣传手册》。
② 易观：《2019 中国人工智能应用市场专题分析》，2019 年 11 月。

三、自动驾驶

自动驾驶，又称无人驾驶、电脑驾驶或轮式移动机器人，是依靠计算机与人工智能技术在没有人为操纵的情况下，完成完整、安全、有效驾驶的一项前沿科技。

当前，公路交通所面临的一个突出问题就是道路拥堵现象日益严重，而且安全事故频发。因此，自动驾驶应势而生，成为各国近年来热门研发技术。在车联网技术和人工智能技术的支持下，自动驾驶能够科学地制定出行路线，规划出行时间，从而大幅地提高出行效率，并在一定程度上减少能源消耗。同时，自动驾驶还能有效避免酒驾、疲劳驾驶等安全隐患，减少驾驶员失误，提升出行安全性。

自动驾驶的关键问题之一是图像识别，Cityscapes 评测就是业界公认的对自动驾驶场景语义理解的能力的评估。国际自动驾驶领域权威评测集 Cityscapes 是由奔驰公司发起的，是目前公认的自动驾驶领域内最具权威性和专业性的图像语义分割评测集之一。Google、英伟达、三星、腾讯、香港中文大学等国内外近百家优秀创新企业和顶尖学术机构参加。2018 年 10 月，科大讯飞再次以最高分刷

（结果示意图：左一原图，中一语义分割结果图），右一实例分割结果图）

图 5—4 自动驾驶 Cityscapes 评测[1]

新了 Cityscapes 世界纪录。

在自动驾驶汽车领域，货运车的落地应用要显著快于乘用车。因为乘用车面临更为棘手的人员安全问题。沃尔沃自动驾驶卡车 Vera 一开始在瑞典港口运货，卡车行驶最高速度为 40 公里 / 小时，这项任务是沃尔沃卡车与渡轮物流公司 DFDS 新近合作的结果，合作的目的是在真实场景中应用 Vera。

在无人机领域，亚马逊发布了新版的送货无人机 Prime Air，并宣布在未来几个月推出无人机送货的服务。新版无人机能够飞行 24 公里，承载约 2.26 公斤重的货

———————

[1] 本图片来自《科大讯飞人工智能发展白皮书》。

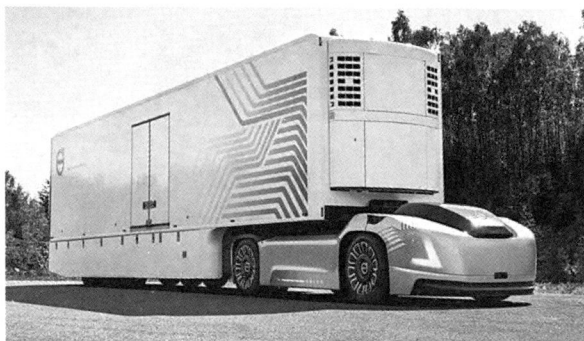

图5—5　沃尔沃自动驾驶卡车 Vera ①

物，用户可以在 30 分钟之内收到自己的商品。Prime Air 采用了热像仪、深度照相机和探测传感器等先进的硬件设备，利用机器学习的算法和机载电脑自动识别障碍物

并绕过它们。无人机送货将改变当前的航空物流业，也能重塑物流体系。②

图5—6　亚马逊 Prime Air 无人机

<hr>

① 本图片来自《沃尔沃卡车推出自动驾驶电动概念卡车 Vera》，http://auto.eastday.com/a/180918082154052.html。
② 本图片来自《亚马逊收购计算机视觉专家团队助攻无人机送货》，https://m.zol.com.cn/article/5825129.html。

四、智慧零售

人工智能催生了新零售。新零售是以数据驱动的，重构了传统零售行业人、货、场等角色及相互关系。互联网时代，碎片化的消费行为令传统的零售方式难以为继。基于数据分析，综合使用各个维度来源的数据，历史交易数据、社交网络关系、购物习惯、在线浏览记录、周期性消费习惯等，人工智能在零售场景中可以实现营销预测并辅助决策。2016 年 10 月，阿里云栖大会上，马云在演讲中第一次提出了新零售："未来的十年、二十年，没有电子商务这一说，只有新零售。"

2016 年 11 月 11 日，国务院办公厅印发《关于推动实体零售创新转型的意见》（国办发〔2016〕78 号），明确了推动我国实体零售创新转型的指导思想和基本原则。同时，在调整商业结构、创新发展方式、促进跨界融合、优化发展环境、强化政策支持等方面作出具体部署。《意见》在促进线上线下融合的问题上强调"建立适应融合发展的标准规范、竞争规则，引导实体零售企业逐步提高信息化水平，将线下物流、服务、体验等优势与线上商流、资金流、信息流融合，拓展智能化、网络化的全渠道布局"。

图5—7　京东无人超市和配送机器人①

图5—8　无人餐厅使用机器人传菜②

---

① 本图片来自《解码"舌尖上的黑科技",京东 X 未来餐厅半年接待近 10 万人次》,https://www.sohu.com/a/314661485_99967243。

② 本图片来自《解码"舌尖上的黑科技",京东 X 未来餐厅半年接待近 10 万人次》,https://www.sohu.com/a/314661485_99967243。

如今，智能货仓、无人快递车、精准营销等，都是人工智能与新零售结合的产物，无人超市、无人餐厅、无人货架等新业态纷纷涌现，智慧零售已经成为继电子商务、O2O之后的行业发展新阶段。

五、智慧传媒

如果说微信的出现促生了新媒体，那么人工智能的发展则让传媒业发生着翻天覆地的变化。

传媒行业要在未来竞争中胜出，就要不断提升自身的获客能力和产品的客户黏性。以智能数字化的方式，建立对消费者的立体认知，并在此基础上进行全域触达和基于内容的精细化运营是必然选择。智能数字化手段可以高效实现对消费者关系的重构，寻找粉丝群体，建立和培养可识别、可运营的用户资源池。

利用人工智能技术，传媒业不断涌现出新的产品业态。

腾讯公司的 Dreamwritter，新华社"快笔小新"使机器人写作已经成为现实。

在有声读物领域，通过科大讯飞的语音技术制作的有声读物，可以让人工智能系统自动生成具有抑扬顿挫、

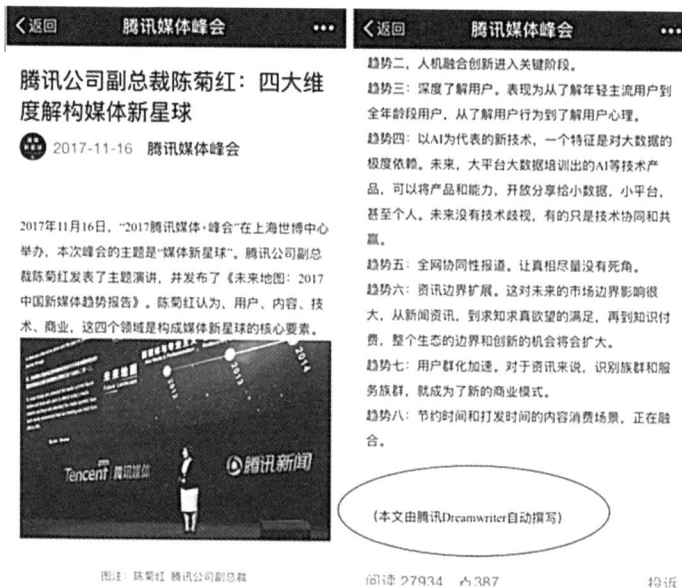

图 5—9　由人工智能写作机器人自动撰写的稿件①

特定说话人的语音。《创新中国》是一部讲述中国最新科技成就和创新精神的纪录片。该片在制作中创新性地使用了语音合成技术，是世界首部采用人工智能配音的大型纪录片。人工智能合成配音采用了李易老师生前录音资料制作，几乎分辨不出差异。

　　CCTV5 APP 在 2016 年 6 月上线运营。央视将内容频道中最优质、规模最大、拥有世界众多顶级赛事独家报道

———————————

① 　本图片来自《未来十年，身为营销人的你多半没饭吃》，https://sq.163yun.com/blog/article/231495528694202368。

权的 CCTV5 与移动互联网进行结合，用新媒体结合体育赛事去开拓新的用户群体，更进一步贴近年轻人的消费需求。央视网董事长、总经理钱蔚就表示，人工智能将为媒体开启新的时代，一个处处皆入口的时代，媒体人要为这个时代做好准备。

人工智能数字化高清修复技术也被各新媒体广泛应用。优酷开设"高清经典"专区，使得经典老剧通过 AI 技术修复成高清。截至 2019 年 5 月底，优酷完成了对 100 余部逾 4000 集经典剧集以及 20 余部影片的修复，相较传统方法，算法大大提高了修复效率，将原先修复一部电影需要数十天缩短到 1 小时。

人工智能和传媒业的深入融合也催生了虚拟主播应用的落地。目前虚拟主播的音视频合成技术已经成熟，可以应用在报道、会议、营销等各个领域。2019 全国两会的新闻中心，中央广播电视总台首次启动机器人记者，智能机器人"小度"成为两会期间定制的记者助理，机器人"小白"能以白岩松老师的声音回答与两会相关的热点问题。

六、智慧金融

人工智能技术在金融领域的各个环节都可以发挥其应有的价值，包括智能客服、智能投顾、智能风控、智能投研、智能营销等方面。

智能客服。智能客服主要以语音技术、自然语言理解、知识图谱等为技术基础，掌握客户需求，通过自动获取客户特征和知识库等内容，帮助客服快速解决客户问题。智能客服通过以文本或语音等方式与用户进行多渠道交互，提供了更为便捷和个性化的服务，在降低人工服务压力和运营成本的同时进一步增强了用户体验。

智能投顾。智能投顾又称机器人投资顾问，主要是根据投资者的风险偏好、财务状况与理财目标，运用智能算法为用户提供智能化的投资管理服务。传统投资顾问需要站在投资者的角度，帮助投资者进行符合其风险偏好特征、适应某一特定时期市场表现的投资组合管理。智能投顾的应用价值在于可代替或部分替代高成本的人工服务。将投资顾问服务标准化、批量化，降低服务成本，最终降低财富管理的费率和投资门槛。

智能风控。智能风控是将知识图谱、深度学习等技术应用于征信反欺诈领域，其模式是将不同来源的结构化和非结构化的大数据整合在一起，分析诸如企业上下游、合作伙伴、竞争对手、母子公司、投资关系等数据，检测其中的不一致性，发现可能存在的欺诈疑点。在信用风险管理方面，关联知识图谱可以建立信用评估模型，刻画精准的用户画像，对用户进行综合评定，提高风险管控能力。

智能投研。传统投资研究需要收集大量的资料，进行数据分析和报告撰写，投研人员每天需要耗费大量时间进行数据的收集与处理。智能投研可以自动将数据、信息、决策进行智能整合，实现智能化关联，快速形成文档供分析师、投资者使用，辅助决策。

智能营销。人工智能可以通过用户画像和大数据模型精准定位用户需求，实现精准营销。智能营销可以分析消费者个体的消费模式和特点，以此来划分客户群体，精准找到目标客户，实施个性化推荐。智能营销相较于传统营销模式，具有时效性强、精准度高、关联性大、性价比高、个性化强等特点。①

---

① 中国信通院：《2019 中国金融科技生态白皮书》，2019 年 7 月。

七、智慧教育

"智慧教育"是政府主导、学校和企业共同参与构建的现代教育信息化服务体系。该体系由云计算、物联网、互联网、数字课件、公共服务平台和云端设备组成，实现跨时跨地共享教育资源；教育主管部门和学校可以通过该体系实现廉洁高效的管理。"智慧教育"的本质是通过教育信息化的手段，实现教育信息与知识的共享；"智慧教育"有"教育"的属性，也有"信息化"的属性。

智慧教育是教育信息化高度发展的新形态。2012 年 3 月教育部发布《教育信息化十年发展规划（2011—2020 年)》，开启我国"教育信息化 1.0"时代；9 月，国务院明确"十二五"期间以建设好"三通两平台"的教育信息化工作为抓手，推进智慧教育。

目前我国智慧教育行业已经进入了新的发展阶段，政策也推进到了"2.0 时代"。政策总基调是在继续深入推进"三通两平台"的基础上，持续推动信息技术与教育的深度融合，《教育信息化 2.0 行动计划》指出，2022 年我国基本实现"三全两高一大"的发展目标。其中，"三全"指教学应用覆盖全体教师、学习应用覆盖全体适龄学生、数字校园建设覆盖全体学校；"两高"指信息化应用水平和师生素养普遍提高；"一大"指建成"互联网＋教育"大平台。

《教育信息化 2.0 行动计划》中明确提出要开展智慧教育创新示范，支持设立 10 个以上"智慧教育示范区"，探索积累可推广的先进经验与优秀案例，形成引领教育改革发展的新途径、新模式。2019 年 4 月，"国家智慧教育示范区" 8 个创建区域和 2 个创建区域培育名单公布，他们是河北省雄安新区、北京市东城区、山西省运城市、上海市闵行区、四川省成都市、湖北省武汉市、湖南省长沙市、广东省广州市，以及山东省青岛市和江苏省苏州市。[①]

人工智能和大数据技术的持续发展，推动了智慧教育的深度发展，借助海量的教学基础数据，使得因材施教、个性化教育真正落地。促进教学、学习、管理、生活和文化的流程再造与系统重构，提高了教育教学质量和教育管理决策水平，形成"可感知、可诊断、可分析、可自愈"的新型校园生态。以科大讯飞的智慧教育为例，通过

---

① 　前瞻产业研究院：《2019 中国智慧教育行业市场发展及趋势研究报告》，2019 年 7 月；《2020 年最新中国智慧教育行业市场现状与发展趋势研究报告》，2020 年 5 月。

应用"人工智能＋大数据",采集了全国超过 350 亿个测评数据进行训练,目前已经面向 15000 所学校开展应用,覆盖了 8000 万师生,诞生了 2017 年 16 位省级状元。

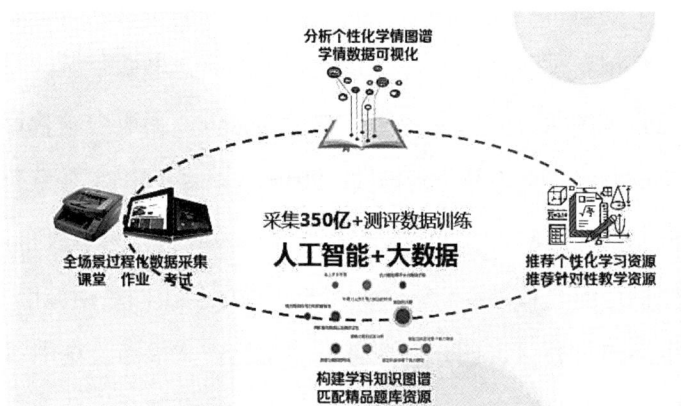

图 5—10 "人工智能＋大数据"使得因材施教、个性化教育真正落地

八、智慧医疗

我国医疗领域存在四大痛点:医疗资源不足、医生培养周期长、医疗成本高、误诊率偏高。通过引入人工智能技术,一是可以弥补医疗行业医生空缺,提高医院治疗效率;二是可以帮助医生制定更加合理有效的医疗方案,减少不必要的支出;三是可以在短时间内学习新的医疗方法

并在实践中应用，一定程度上弥补由于培养周期长造成的医生空缺；四是人工智能系统可以存储并查询海量的医疗数据及文献，辅助医生诊断治疗，提高准确率。

2016 年 6 月，国务院出台《关于促进和规范健康医疗大数据应用发展的指导意见》，将健康医疗大数据应用发展纳入国家大数据战略布局。2017 年 1 月，国家卫计委发布《"十三五"全国人口健康信息化发展规划》，提出到 2020 年基本建成统一权威、互联互通的人口健康信息平台。2018 年 5 月，国务院发布《关于促进"互联网＋医疗健康"发展的意见》，明确提出支持"互联网＋医疗健康"发展。

智慧医疗主要有五大应用领域。

一是医学影像。也就是将人工智能技术具体应用在医学影像的诊断上，被业界认为是人工智能最有可能率先实现商业化的医疗领域。目前对肺结节、眼底、乳腺癌、宫颈癌的识别率和准确率较高，部分已经应用到临床辅助诊疗。

LUNA 评测（LUng Nodule Analysis）是肺结节检测领域最权威的国际评测，也是医学影像领域最具代表性、最受关注的评测任务之一。该评测从 2016 年开始，吸引了大批国内外学术界和产业界团队的参与，包括香港中

文大学、上海大学、浙江大学、奈梅亨大学、阿里巴巴、
Mevis 以及诸多新兴创业公司。

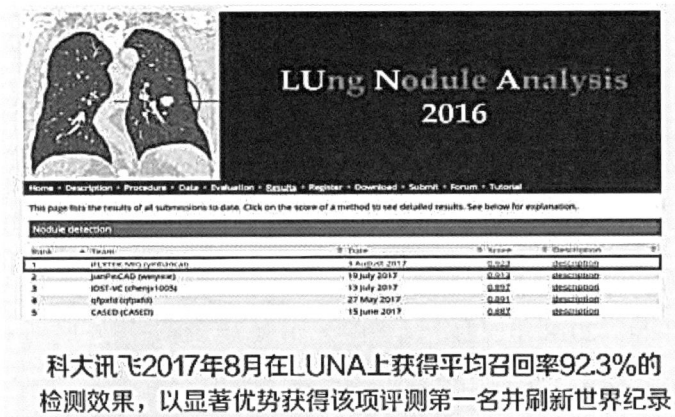

图 5—11　LUNA（肺结节检测）测试①

　　二是辅助诊断。也就是提供电子病历、导诊机器人、
虚拟助理等服务，利用"机器学习＋计算机视觉"技术缓
解病理专家不足的现状，利用"人工智能＋大数据"对
患者进行系统化记录和健康管理，利用"人工智能＋机
器人技术"分担医院从医人数不足的压力。

　　人工智能系统可以通过学习海量的医学资料，快速
达到专业医师需要数年工作经验积累的知识体系。科大讯

――――――――
①　本图片来自《科大讯飞人工智能发展白皮书》。

飞的智医助理机器人以 456 分（总分 600 分）的成绩通过
了国家执业医师资格认证考试，超过了 96.3% 的人类考
生，并于 2018 年 3 月在合肥上岗，为全科医生提供辅助
诊疗服务。

全球第一个通过国家执业医师资格认证考试的机器人
科大讯飞智医助理机器人：456
总分：600 / 分数线：360
已超过96.3%的人类考生
智医助理2018年3月2日在合肥正式上岗
为全科医生提供辅助诊疗服务

信息来源：国家医学考试中心
（2017年11月6日）

图 5—12　智医助理机器人通过国家执业医师资格认证考试①

　　在辅助诊疗中，人工智能系统的医学影像的解读已
经接近专家的诊断结果。在《中国梦想秀》节目中，人工
智能医学影像辅助诊断系统"晓医"能够在短时间内解读
出专业医师需要工作 4—5 年才能准确读出的肺部影像片。

　　三是药物研发。也就是通过人工智能、大数据技术
辅助药物研发过程，解决新药研发耗时长、成本高、风险
大的痛点。

---

①　本图片来自《科大讯飞人工智能发展白皮书》。

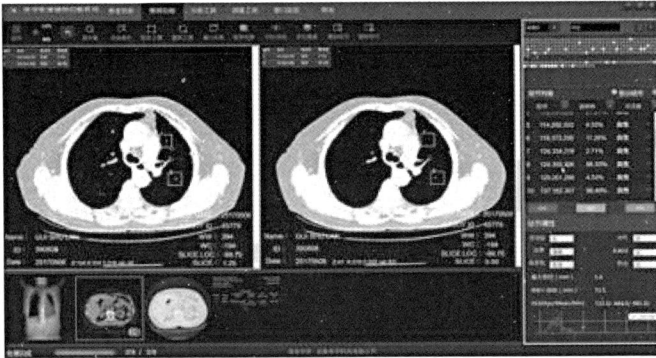

图 5—13　人工智能医学影像辅助诊断系统

四是健康管理。也就是提升对大众健康管理的能力，解决可穿戴设备只能采集数据和趋势分析，没有很好地提供健康画像并改善健康的痛点。

五是疾病预测。也就是通过基因测序与检测，提前预测疾病发生的风险。基因测序是一种新型基因检测技术，能够从血液或唾液中分析测定基因全序列，预测罹患多种疾病的可能性。基因测序技术能锁定个人病变基因，提前预防和治疗。

2011 年 1 月，经国家发展改革委员会批复，依托深圳华大生命科学研究院（原深圳华大基因研究院）组建深圳国家基因库。同年 10 月，深圳国家基因库建设方案获得国家发展改革委员会、财政部、工业和信息化部、卫生

图 5—14　我国首个国家级综合性基因库——深圳国家基因库（CNGB）①

健康委员会（原卫生部）四部委批复。

　　从以上所列举的智慧农业、智能家居、自动驾驶、智慧零售、智慧传媒、智慧金融、智慧教育、智慧医疗等可以看出，人工智能作为引领科技革命和产业变革的战略性技术，正发挥着溢出带动性很强的"头雁"效应，推动各产业发生变革，为经济社会发展注入新动能。把人工智能技术应用到更多与百姓密切相关的行业和领域，发挥人工智能赋能各行业的优势，也是每一位人工智能从业者的使命和愿景。

_____

① 　本图片来自国家基因库 https://www.genomics.cn/gene.html。

第二节　人工智能开创社会治理新格局

　　人工智能的蓬勃兴起带来新的社会文明，推动产业变革，深刻改变人们的生产生活方式，是一场影响深远的科技革命。这场革命是人类社会发展史上真正全方位、系统性、深层次的变革，它对社会民生的影响远远超过之前工业革命所带来的影响，颠覆了传统社会治理模式，开创社会治理新的格局。

一、人工智能深刻改变人类社会

　　作为新一轮科技革命和产业变革的核心驱动力，人工智能正在积极影响着经济、社会、生活的方方面面。对于世界经济而言，人工智能是引领未来的战略性技术，全球主要国家及地区都把发展人工智能作为提升国家竞争力、推动国家经济增长的重大战略；对于社会进步而言，人工智能技术为社会治理提供了全新的技术和思路，将人工智能运用于社会治理中，是降低治理成本、提升治理效率、减少治理干扰最直接、最有效的方式；对于日常生活而言，深度学习、图像识别、语音识别等人工智能技术已经广泛应用于智能终端、智能家居、移动支付等领域，未来人工智能技术还将在教育、医疗、出行等与人民生活息息相关的领域里发挥更为显著的作用，为普通民众提供覆盖更广、体验感更优、便利性更佳的生活服务。①

　　人工智能技术的不断发展使世界进入新的"智能化"阶段。2019 年两会上，李克强总理在回答记者问时首次提出了"智能 +"概念，并将此概念首次写入到政府工作报告中。至此，人工智能将进入发展的快车道，成为推动产业智能化升级不可或缺的强力助推器。企业要想在人工智能时代保持并提升自身的核心竞争力，就必须根据行业运行规律，对接行业需求，将人工智能技术的算法、算力应用于整个产业链条上，解决产业痛点问题，全面提升产品质量和服务水准，最终实现人工智能与实体经济的全面融合。

　　可以说，整个社会都被人工智能所改变，人类社会生活的方方面面都将离不开人工智能的滋养与照料。

---

① 艾瑞咨询：《2019 人工智能产业研究报告》，2019 年 6 月。

二、人工智能增强了人类自我改造能力

人工智能是引领新一轮科技革命和产业变革的战略性技术。人类发明、设计和制造出了人工智能，不断地拓展、升级和强化它的能力，人类也因此大大地扩展、强化乃至升级了自身的综合能力，不断地进行自我改造。

人工智能提升了人的学习、工作效率。人工智能的大规模发展带来生产过程自动化和机器人大规模使用，把人类从繁重的体力劳动、重复性的脑力劳动和繁杂的事务性工作中解放出来，可以有更多的时间、精力去做创造性的工作。

人工智能促使人产生更强的生产力。人工智能拥有无穷的潜力，为人类智能锦上添花，增强人类已有的能力，并帮助人类获得更强的生产力。以人工智能在金融行业的应用为例：金融行业每天产生数以百 TB 的数据，这些数据中存在着海量的信息。人工智能将这些信息进行分析，从中筛选出有价值的信息，并进行相应的总结、归纳，为金融从业者提供指导意见，从而提升其工作能力。

人工智能促进人类的创新力与创造力的提升。大量重复性的劳动将会被机器所替代。人类需要做的就是加强

自我学习，不断进行创作、创造性劳动。人类就是这样在对人工智能的不断改造中创新、持续发展，以实现自我能力的提升。

三、人工智能丰富了社会治理的实践方式

随着人工智能的不断创新发展，智能技术参与到人们的生产生活中，使得人类的生活方式逐渐走向智能化。信息技术得到普遍应用，人工智能成为社会良性发展的物质基础，为实现国家发展、社会稳定、个人幸福提供重要支撑。当前，智慧交通、智慧医疗、智慧养老、数字化学习、智能家居等人工智能普遍应用，社会活力得到全面激发，社会治理现代化水平不断提高。

从个体层面来看，人对智能技术的掌握、拥有和使用能力不断提升，人的工作生活需要人工智能技术的支撑。从社会层面来看，信息化正在深刻改变社会生活方式，信息基础环境逐渐成为人们参与社会生产的物质基础。人工智能通过对社会各领域渗透融合实现生产劳动实践的变革，成为治理一切社会活动的动能，持续推进社会治理的科学化、精细化。

四、人工智能营造了空前透明的社会环境

人工智能是以人类社会环境与智能技术的融合为主导，以增强人类自我改造能力为动力，通过更加精准和动态的方式进行管理与应用，从而营造透明的社会环境，推动社会善治。人工智能参与社会生产与实践的本质是通过改变人类和人类组织行为在社会中发挥作用，包括个人行为和社会行为，两者具有内在统一性。这种统一，于个人表现为满足个人需求，于社会表现为在社会范围内营造良好社会环境。

一方面，在智能技术与人类生产生活充分交汇融合的情况下，信息公开透明成为社会生态的基本特征。目前，我国各地公共资源交易管理的改革实践中纷纷将智能化建设作为一项重要目标。随着公共资源的全流程电子化，监管体系的数字化，人工智能系统应用很大程度上促进了公共资源的公开透明，成为营造良好社会环境的最佳手段之一。

另一方面，运用人工智能参与社会治理对信息的公开透明有比较高的要求。无论是应用于公共生活、社会经济领域还是参与社会治理现代化过程之中，人工智能都是

通过智能技术来规范人的生产活动。只有公开透明的社会环境才有利于人工智能应用更好地在组织目标过程中发挥作用。例如，网上大厅要进一步优化人机互动的友好界面，增设高频事项快速选择功能，扩大电子证照应用场景，提高公共事项网上直接办理比例，最大程度地满足不同年龄、职业、文化层次的群众需求。

以杭州市商事登记联办应用为例。通过上线杭州市全程电子化登记平台，将住房、公安、商委、文广、建委、旅游、交通各部门的数据集成起来，并通过联办平台，与银行、卫计、消防、环保、人设等单位打通了接口，企业可以通过互联网注册，通过平台提交需要办理事务所需的材料，通过跨部门联审的方式，在线上快速完成办理，并反馈给企业。这是杭州深化"最多跑一次"改革

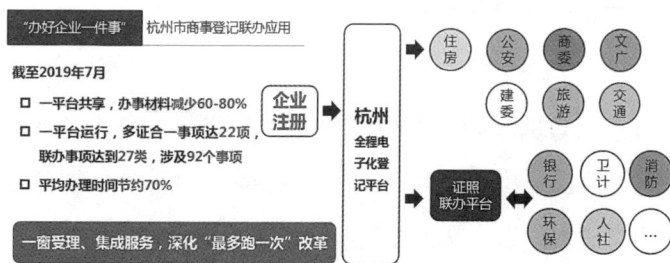

图5—15 杭州市商事登记一网通平台应用示意图①

① 本图片来自《科大讯飞智慧城市品牌宣传资料》。

的案例。截至 2019 年 7 月，办事材料减少了 60％以上；多证合一事项达 22 项，联办事项达到 27 类，涉及 92 个事项；平均办理时间节约 70％。

第三节　人工智能对社会治理的挑战

"人工智能技术不仅是一把双刃剑，而且可能是一把双刃不平衡的剑"。[①] 在享受智能时代技术红利的同时，也要注意其存在的风险。人工智能的广泛应用给人类社会带来法律法规、道德伦理、社会治理等方面一系列的新挑战，在社会治理方面主要表现为四个方面的问题：

一、结构性失业问题

人工智能是新一轮科技革命和产业变革的重要驱动力量。合理运用人工智能技术可以提升企业运作效率，降低生产成本。人类从人工智能技术获益的同时，也面临着其带来的潜在威胁。

---

① 肖滨：《信息技术在国家治理中的双面性与非均衡性》，《学术研究》2019 年第 11 期。

　　事实上，从人类发展的历史来看，经历了蒸汽动力驱动、电力驱动、计算机驱动、人工智能驱动等四次工业革命的人类社会，每一次技术革命都会对劳动力市场产生极大的影响，技术的提高必然是以更低的劳动力成本做更多的事情，实现提高社会生产力、减少所需劳动者数量的目标。由人工智能引起的结构性失业问题可能是全面性、颠覆性的。这体现在，人工智能的影响几乎已经渗透到每一个行业、每一个工种当中，无论从劳动密集型的制造业还是知识密集型的审计行业都可能受到人工智能应用可替代性的挑战。①

　　人类的工作正逐渐被超越、被取代，"机器偷走了你的工作"体现在，人工智能技术的翻译水准正在接近甚至在某些方面超过了人类的翻译水平；人工智能技术使机器对法律条文和案例融会贯通，其水平已然超越了现有的人类法官；即便是人类引以为傲的文学和艺术领域，也在逐渐被人工智能挑战，人工智能创造出来的诗歌作品与唐诗相比，有时已经不分伯仲。

　　有行业报告分析，教师、心理咨询师、医生、法官 /律师、艺术家 / 音乐家 / 科学家成为最难被人工智能系统

―――――――――
①　艾媒咨询：《2019 年中国人工智能发展风险预警白皮书》，2019 年 4 月。

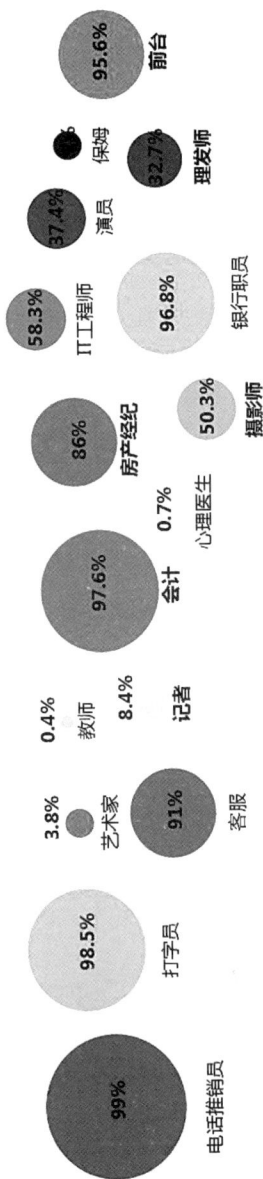

图 5—16 人工智能对目前主要行业替代率预测 ①

前台 95.6%
保姆
理发师 32.7%
演员 37.4%
IT工程师 58.3%
银行职员 96.8%
房产经纪 86%
摄影师 50.3%
心理医生 0.7%
会计 97.6%
教师 0.4%
记者 8.4%
艺术家 3.8%
客服 91%
打字员 98.5%
电话推销员 99%

---

① 本图片来自《科大讯飞人工智能行业替代预测分析》。

替代的职业。因为以上职业要么需要关爱与同理心，要么需要创造力、思考力与审美力，这些方面人工智能系统很难胜任。而话务员、打字员、会计、保险业务员、银行职员、前台、客服人员被人工智能系统的替代率最高。这些职业往往有着固定的话术和工作程序，大量重复工作，而这些则是人工智能系统较为擅长的。

世界经济论坛 2016 年年会发布的一份报告指出，2015—2050 年，主要工业化国家由于机器人和人工智能的冲击，将导致工作岗位净减少 510 万个。麦肯锡公司 2017 年发布的《失业与就业：自动化时代的劳动力转型》报告中指出，人工智能和机器人在不同国家对就业带来的影响，主要取决于薪酬水平、需求增长、人口结构和经济构成四个因素。到 2030 年，全球将有多达 8 亿人的工作岗位可能被自动化的机器人取代，相当于当今全球劳动力的 1/5。如果届时不能创造出更多的就业岗位，将导致严重的失业问题，从而引发社会发展危机，影响社会的稳定。面对人工智能对就业问题的冲击，需要国家力量的介入，加强宏观调控，引导市场经济发展，创造更多就业岗位，提前预备应对方案。

人工智能会造成结构性的失业，但是同时也会有新的工作应运而生。2018 年世界经济论坛发布的《2018 未来就业》报告提出，自动化技术和智能科技的发展将取代全球 7500 万份工作，但随着公司重新规划机器与人类的分工，另有 1.33 亿份新工作将应运而生，也就是说到 2022 年净增的新工作岗位将多达 5800 万个。在这些新岗位中，一部分是人机协作岗位，要求从业者具有较高信息素养；一部分是机器难以替代的工作岗位，要求从业者具有较高专业素养和较强创造性。这就需要政府建立适应智能社会需要的终身学习体系和常态化培训的就业辅导机制，以充分保障劳动者的就业权利，提升劳动者在新技术变革环境下的适应性就业能力。

二、公平问题

人工智能时代，是一个强者更强的时代。人工智能作为一种稀缺资源或公共物品在分配上具有潜在的不平等性。在人工智能技术高速发展的时代，由于人工智能技术门槛较高，交叉性强，需要大量的研究与开发费用，因此，开发与应用人工智能都被限定在一定的范围之内。只有技术基础好或者是在人工智能研究方面取得领先地位的公司才能在发展中占据优势。结果就是，人工智能越强的公司，将会吸引更多的顶级人才，产品更好、用户更多、数据更多，从而凭借技术垄断发展更好。相应地，人工智能越强的个人，将会拥有更多的优势，选择更为优异、有前景的公司，拿到高额的薪金。人工智能给企业带来巨大利润，让少数人获得高水平的财富收入，巨大的财富集中在少数顶级的公司、个人手中，而很多低收入人群又因为人工智能而失去了就业机会，贫富差距将越来越大。

同时，在人工智能行业领域中，女性及少数民族从业人员所占比例很少。这也是一种技术偏见，也会造成新的不公平。因此，在人工智能强势侵入的时代，如何实现社会公平，缩小收入分配差距，是实现社会治理走向善治的关键所在。

三、安全困境

人工智能作为一种技术手段，其本身存在着失序、失灵、失控的技术风险，存在着不确定性、不可控性。有学者认为，人工智能在对经济发展、社会治理与民生改善作出贡献的同时，也将因技术发展的不确定性等原因导致社会治理存在从"数字民主"滑向"技术利维坦"的潜在风险[1]。

---

[1]　王小芳、王磊：《"技术利维坦"：人工智能嵌入社会治理的潜在风险与政府应对》，《电子政务》2019 年第 5 期。

事实上，为了规避人工智能系统对人类可能的威胁，早在 1942 年阿西莫夫就首次提出了机器人三定律：

第一定律，机器人不能伤害人类，或因不作为使人类受到伤害。

第二定律，除非违反第一定律，机器人必须服从人类的命令。

第三定律，除非违反第一定律和第二定律，机器人必须保护自己。

三定律要求人工智能系统不能对人类造成伤害，完全服从人类指令，保护自己。为进一步规避人工智能自我进化可能会造成的潜在风险，1982 年阿西莫夫增加了第零定律：机器人不得伤害人类整体，或因不作为使人类整体受到伤害。

人工智能存在的风险主要体现在人身安全、数据安全和隐私安全等三个方面。2018 年 3 月发生了世界上首例 Uber 无人驾驶汽车撞死一名行人的交通事故。当人工智能技术应用于军事时，其不可控性就更加突显。斯蒂芬·霍金曾经表示，或许，人工智能不但是历史上"最大的事件"，而且有可能是"最后的事件"，"人工智能的发展可能预示着人类的灭亡"。这个论点有些悲观，但足以显示出人们对人工智能给人类社会所带来的安全问题的警惕。

人工智能时代，数据是核心。掌控技术源头和网络运行、掌握大数据和算法的公司组织有可能通过技术体系实现对社会生活的全面控制。如果不能对数据的获取、存储以及使用的合法和正当性进行有效的监督，将会形成数据和隐私安全风险。2019 年"3·15"晚会曝光了机器人拨打骚扰电话、窃取消费者隐私信息等乱象。如何规范人工智能技术的滥用，保障公民隐私安全，已经成为人们不得不面对的一个问题。

目前，为应对人工智能新技术新应用快速发展给现有数据安全和个人数据保护法律制度带来的挑战，部分国家和地区已经开始针对某些人工智能特定应用场景制定相关法律。①

在欧洲，2018 年 5 月正式实施的《欧盟通用数据保护条例（GDPR）》对包括用户画像在内的自动化决策行为进行了规定，提出数据主体应当有权随时反对企业使用其个人数据对其进行画像等自动化决策。

在美国，"Facebook 数据泄露事件"爆发后，美国加州于 2018 年 6 月通过《2018 加州消费者隐私法案》，对

---

① 赛博研究院、上海观安信息技术股份有限公司共同发布：《人工智能数据安全风险与治理》，2019 年 9 月。

包括自动化技术在内的数据处理提出了严苛要求。2017年7月出台的《美国自动驾驶法案》要求自动驾驶汽车制造商必须制定隐私保护计划，明确对车主和乘客信息的收集、使用、分享和存储的做法，包括在收集方式、数据最小化、去识别化以及数据存留等方面的做法。

在我国，《网络安全法》规定网络运营者应当按照网络安全等级保护制度的要求，采取数据分类、重要数据备份和加密等措施，防止网络数据泄露或者被窃取、篡改，并对个人信息保护提出了明确要求。此外，《个人信息保护法》《数据安全法》均已列入国家立法规划，预计将囊括人工智能等新技术新应用中的数据安全问题。2019年5月，国家互联网信息办公室发布的《网络安全管理办法（征求意见稿）》对"定向推送"服务作出了明确规定，要求"网络运营者利用用户数据和算法推送新闻信息、商业广告等，应当以明显方式表明'定推'字样，并为用户提供停止接收定向推送信息的功能"。同时，我国在针对人工智能特定应用场景的标准中明确了数据安全要求，如《信息技术安全技术生物特征识别信息的保护要求（征求意见稿）》《信息安全技术智能家居安全通用技术要求（征求意见稿）》《信息安全技术个人信息安全规范（征求意见稿）》。

然而，针对人工智能数据质量以及由此导致的 AI

系统性能、伦理、偏见等问题，国内外法规仍处于空白
阶段。

四、道德伦理

　　人工智能还对人类社会道德伦理提出挑战，主要体
现在算法歧视方面。现阶段，人工智能算法在多个领域中
都有应用，比如精准广告投放、个性化推荐、信用评估、
风险预警等等，算法歧视隐藏在其中。

　　算法歧视有两类来源。一类是设计者和开发者。由
于人类自身存在主观态度或主观偏见，会不自觉地将这种
偏见写入算法。另一类是数据本身。这类来源更加隐蔽，
由于数据本身具有歧视特征，也会导致后续人工智能产品
具有歧视特征。[1]

　　人工智能算法需要使用海量数据作为输入，这些数
据如果本身存在非公平的分布，就会导致人工智能学习对
判断和预测存在偏见。

　　2017 年 3 月，微软开发的 Twitter 人工智能聊天机器
人 Tay 上线。Tay 的人设被设定为十几岁的女孩，主要目

---

[1]　艾媒咨询：《2019 人工智能发展风险预警白皮书》，2019 年 4 月。

图 5—17　微软开发的 AI 聊天机器人 Tay [①]

标受众是 18 岁至 24 岁的青少年。这一聊天机器人能在
Twitter 和其他消息平台上与用户互动。Tay 能够模仿人类
用户的评论，生成自己的回答，并根据整体互动情况去发
言。这一聊天机器人希望模仿典型的"千禧年一代"的日
常谈话。因此，许多用户都想看看，究竟能教会 Tay 什么
样的言论。但是，当 Tay 开始和人类聊天后，不到 24 小
时，她就被"教坏"了，成为一个集反犹太人、性别歧
视、种族歧视于一身的"不良少女"。对此，微软不得不

---

① 　本图片来自《微软聊天机器人是什么?》，http://www.arpun.com/
article/20435.html。

在 Tay 上线仅一天后紧急下线了 Tay，并对此表示道歉。

另外，人工智能还对人类现存法律伦理提出挑战。对于人工智能生成物是否具有知识产权目前仍存在争议。2017 年微信的 AI 产品小冰出了诗集。尽管人工智能是人类的智慧产物，但人工智能衍生物是否具备知识产权仍没有定论。

人工智能或机器人是否具有法律主体地位也是争议的焦点之一。2017 年，欧盟议会法律事务委员会的报告认为，应发展适用于机器人和人工智能的"电子人格"，从而保障类人机器人和人工智能的权益和责任。

随着人工智能算法的不断进步，人工智能的"类人"的表现也将更加明显。这对社会治理、监管和法律制度都提出了前所未有的挑战。事实上，每一次的重大技术革命都需要一段时间来消除它的负面影响，人工智能时代也不例外。如何驯服这个"技术利维坦"，将其正向价值最大化，这需要政府的智慧。

第四节　发展负责任的人工智能，赋能民生福祉

习近平总书记指出，要加强人工智能同保障和改善

民生的结合，从保障和改善民生、为人民创造美好生活的需要出发，推动人工智能在人们日常工作、学习、生活中的深度运用，创造更加智能的工作方式和生活方式。①2017 年国家颁布了《新一代人工智能发展规划》提出六个重点任务，其中第三个方面是："建设安全便捷的智能社会"，"社会治理智能化水平大幅提升，社会运行更加安全高效"。可以看出，人工智能已经上升到国家发展顶层设计高度，并且在社会治理方面的发展有了明确的方向。如何把握历史机遇，发展负责任的人工智能，以"智"赋能民生，提高人民福祉，具有重要的意义。

一、发展负责任的人工智能，助力社会治理走向"善治"

人工智能从诞生的那刻起，就让人类陷入了一定深度的忧虑和恐惧当中。"机器人代替论""机器人超越论""人机大战论"等论调一时风靡全球，公众对人工智能充满着疑虑、焦虑、恐惧负面情绪。事实上，人工智能不是"无所不能"，也不是"洪水猛兽"。人工智能蕴含着推动社会

---

① 参见《人民日报》2018 年 11 月 1 日。

发展的巨大潜能，也具有无可否认的风险。要遏制人工智能带来的风险，最大限度地消除人工智能的负面影响，发展负责任的人工智能，可以助力社会治理走向"善治"。

"负责任"已成为发展人工智能的高频词汇。2019 年 5 月，经合组织成员国签署《政府间人工智能推荐性原则和建议》，呼吁发展负责任的人工智能；2019 年 6 月，中国国家新一代人工智能治理专业委员会发布《新一代人工智能治理原则——发展负责任的人工智能》，指出人工智能的发展要遵循和谐友好、公平公正、包容共享、尊重隐私、安全可控、共担责任、开放协作、敏捷治理等八项原则。清华大学苏世民书院院长、国家新一代人工智能治理专业委员会主任薛澜认为，"负责任"是涵盖了人工智能的基础研发层到应用层，更应成为贯穿人工智能发展的一条主线。他强调无论是人工智能提供的产品还是服务，都应该是负责任的、全面的，应以增进人类共同福祉为目标，应该符合人类的价值观和伦理道德，避免误用，禁止滥用、恶用。

负责任的人工智能助力社会治理走向"善治"。政府应该主动使用、合理利用、善于运用、有效作用人工智能，加强对治理场景的研判和预测，增强风险防控意识，在着力推进社会治理现代化过程中实现"善治"。

二、坚持以人为本，实现人的自由全面发展

人工智能的到来，使得一些人高呼"一切皆可计算"。我们要警惕这种技术理性控制与人文精神流失的行为，守住"以人为本"的价值底线。党的十九大报告明确指出："全党必须牢记，为什么人的问题，是检验一个政党、一个政权性质的试金石。带领人民创造美好生活，是我们党始终不渝的奋斗目标。"① 无论何时，我们的发展都是以人为本的发展，最终的目标也是要实现人的自由全面发展。

以发展人工智能来提升人民生活品质。抓住教育、医疗、养老等社会民生领域的突出矛盾和难点，大力发展人工智能，让人类生活更便捷、更自在、更舒适。无论是外骨骼机器人帮助高位截瘫人士站起来，还是脑控智能义肢助力断臂人士圆"握手梦"，抑或是唇语识别等技术帮助聋哑儿童表达心愿，都是人工智能提升人民生活品质的努力与尝试。未来，人工智能可以更多关注这些领域，实现生活智能化，以科技造福人民，赋能新时代。

以人工智能在人们日常工作、学习、生活中的深度

---

① 《中国共产党第十九次全国代表大会文件汇编》，人民出版社 2017 年版，第 36 页。

运用，创造更加智能的工作方式和生活方式，来促进人的全面发展。从保障和改善民生、为人民创造美好生活的需要出发，让改革发展成果更多惠及人民。人工智能革命在一定程度上导致了社会分层和利益分化。人工智能的负面效应造成的损失需要政府承担、调节和再分配，以缩小贫富差距，使群众感受到社会公平。因此，要加强对劳动者的保护，建立完善的社会保障制度，切实保障群众基本生活。对于因人工智能而失业的人来说，政府应该通过加大对人工智能企业的税收，并进一步将税收转化为失业人群的短期失业福利。以完善的社会保障制度，增加群众的幸福感获得感安全感。

三、建设智慧型社会治理体系，打造共建共治共享的社会治理格局

党的十九大提出，要"打造共建共治共享的社会治理格局"，要提高社会治理的智能化水平。当前，人工智能的工具价值以及"智能化"作为我国社会治理的重要发展方向已经凸显。人工智能作为新一轮科技革命和产业变革的核心力量，促进社会生产力的整体跃升，在智能交通、智能家居、智能医疗等诸多民生领域发挥积极正面影响，

为创新社会治理体制、改进社会治理方式提供解决方案。

首先，加强人工智能同社会治理的结合，开发适用于政府服务和决策的人工智能系统。一是作为公共政策的制定者，政府应当加强人工智能发展的顶层设计，为智慧型社会治理体系建设提供强劲支撑；同时还要基于人本主义的发展理念，总体布局人工智能的国家发展方略，引导技术发展。二是作为国家利益和人民权益的守护者，在防范、化解重大风险上发挥能力，保持定力，肩负制定人工智能技术标准和法律法规的责任。

其次，加强政务信息资源整合和公共需求精准预测，推进智慧城市建设。社会组织、企业等既要承担起人工智能技术突破的重任，又要肩负起数据保护、隐私安全等企业社会责任与伦理责任，为智慧型社会治理体系建设做好基础支撑。作为数据拥有者的企业，如腾讯、百度、阿里巴巴、京东等互联网巨头公司，已成为河北雄安新区的共建单位，共同致力于建设一流、绿色、现代、智慧的未来之城，助力雄安新区建设智慧型社会治理体系。

最后，促进人工智能在公共安全领域的深度应用，运用人工智能提高公共服务和社会治理水平。人工智能是信息化发展的新阶段，坚持开放共享的理念，以网络化管理、社会化服务为方向，促进人工智能技术与社会各行各业的融合提升。同时，通过有效且综合运用我国人工智能企业在人脸识别、语音识别、安防监控、智能音箱、智能家居等技术手段，建设标杆性的应用场景创新，实现低成本、高效益、广范围的社会生态。

　　人工智能对社会民生产生了重大而深远的影响，社会民生为人工智能应用提供了广泛的发展空间。人工智能与社会民生的深度融合，既有利于人工智能的健康发展，又有助于社会治理现代化的实现和人民生活福祉的提升，两者相得益彰，走向共赢。新时代，我们要主动适应人工智能科技发展大势，准确把握人工智能发展规律及趋势，秉持先进的社会治理理念，将人工智能广泛应用于社会治理与公共服务中来，改善社会民生，推动社会繁荣发展，提高社会治理的智能化、现代化水平，推动打造共建共治共享的社会治理格局，助力国家富强、民族振兴、人民幸福中国梦的实现。

※ 第六章 ※

人工智能与党的建设

党的十八大以来，以习近平同志为核心的党中央紧紧把握信息网络时代发展脉搏，站在党长期执政的战略高度，谋划和推进信息化条件下经济社会全面发展，中国特色社会主义进入新时代，这无疑有着信息化方面的重大贡献。当前，信息技术日新月异，数字化、网络化、智能化深入发展，尤其是随着信息技术的迭代创新和大数据产业发展，人工智能产业快速成型，并逐渐渗透到经济社会的各个角落，在推动经济社会发展、促进国家治理体系和治理能力现代化、满足人民日益增长的美好生活需要方面发挥着越来越重要的作用。由此，习近平总书记指出，人工智能是引领新一轮科技革命和产业变革的重要驱动力，正深刻改变着人们的生产、生活、学习方式，推动人类社会迎来人机协同、跨界融合、共创分享的智能时代。

习近平总书记高度重视互联网和信息化对国家治理带来的重大影响，2015年12月16日在第二届世界互联网大会开幕式上发表重要讲话时指出："纵观世界文明史，人类先后经历了农业革命、工业革命、信息革命。每一次产业技术革命，都给人类生产生活带来巨大而深刻的影响。现在，以互联网为代表的信息技术日新月异，引领了社会生产新变革，创造了人类生活新空间，拓展了国家治理新领域，极大提高了人类认识世界、改造世界的能力。"同时，在党的十九大报告中他强调："把党建设成为始终走在时代前列、人民衷心拥护、勇于自我革命、经得起各种风浪考验、朝气蓬勃的马克思主义执政党。"党的领导是中国发展的关键和根本，政党治理是国家治理的重要组成部分，引入人工智能势在必行。

"人工智能+"对于党建来说，既是新机遇，也是新挑战。如何有效运用"人工智能+"促进党建的思想建设、组织建设、作风建设、制度建设、反腐倡廉建设等的信息化建设，是当前党建工作面临的重要课题。

管党治党坚强有力，治国理政才能正确有效。随着世情国情党情的深刻变化，党的建设面临前所未有的机遇和挑战。伴随着信息科技的迅猛发展和日新月异的变化，以大数据为代表的信息技术已经渗透至各个领域，这在深刻改变我们的社会形态、生活习惯、组织方式和行为方式的同时，也将深深地影响党的建设，给党建工作带来新的机遇和挑战。党的建设不但必须适应时代发展要求，为党的理论和路线方针政策的贯彻执行提供政治和组织保障，而且要更加主动地对接和引领时代潮流，实现从"适应"到"引领"的转变。①

人工智能时代的到来为我们的党建工作推陈出新提供了多种可能。在呈现方式上，人工智能以其人机交互结合、视频和音频触手可得等优势让受众更喜闻乐见；在表述方式上，人工智能时代的网络热词和社会新鲜事物有益补充到党建工作中来，增强了党建的趣味性和吸引力，为党员积极参与党建并在党建中提升自我创造了条件。② 在这方面"中国共产党新闻网—党建"体现出的"人工智能＋党建"尤为突出：

网站通过展示党史资料库、党建案例库、人民党建云、习近平系列重要讲话数据库、党建数据库以及学习平台、云党课等模块，充分展示人工智能助力党建工作的规

---

① 赵晶、谢磊：《聚力大数据打造云党建——贵阳市建设"党建红云"平台提升党建工作科学化水平》，人民网—中国共产党新闻网，2017 年 4 月 28 日。

② 张华：《"互联网＋"背景下党建信息化建设的实现》，《济南职业学院学报》2018 年第 1 期。

图6—1　党建—人民网展示

范化和流程化的效果，不但可以做到4个服务，即服务党组织、服务党员、服务管理者和服务群众；可以实现党建工作全方位、全流程信息化、党建工作定制化、随意流程固定化、固定流程高效化、统计分析自动化等；还可以梳理人工智能驱动的党建理论渊源、理论创新，进一步分析人工智能驱动的智慧党建的应用现状及存在问题，探索最新的人工智能驱动的智慧党建研究前沿。

"人工智能＋党建"催生人工智能与党的建设工作有机结合，强有力地为党的建设工作赋能。随着信息技术的快速发展和互联网的深度应用，人工智能打开了一个新的技术应用空间，为党的建设提供理念创新、内容创新、载体创新、方法创新等，更好服务于新时代党的建设和政党治理。人工智能与党的建设正在从"相加"走向"相融"，为党的建设助力赋能。① 党建工作应主动顺应人工智能时代发展的大趋势，在充分掌握人工智能等信息技术的前提下，结合党建工作的目标和特征，使人工智能在党建工作上彰显独特优势，同时各级党组织也可以充分发挥政治核心和引领作用，凝聚发展共识，集聚发展动能，带领党员内强素质，外练本领，敬业奉献，充分发挥出先锋模范作用，为各级组织在人工智能创新发展中保驾护航，从而使党的建设科学化水平获得更高提升。

第一节　"人工智能＋党建"的思考视角

有分析指出，新时代党建工作面临的诸多问题，急需智慧化解决方案。一是全面从严治党之下，对党建规范化提出更高要求，而相当数量基层党务工作者对党务不够熟，党务工作时有出错；二是当前技术条件还无法完全满足党建智慧化需求，很多地方建设的智慧党建系统依然不够"友好"、不够"便捷"，不能真正为基层党建"减负"；三是随着时代的进步和发展，党员和群众将会有更加多

---

① 翟晓舟：《"人工智能＋党建"为党的建设助力赋能》，《学习时报》2019 年 9 月 6 日。

元、细化的需求，需要新思维、新理念、新技术解决。①

同时，在移动互联网时代，信息传播的形式、内容、范围、速率都较以往发生很大的变化。党员干部尤其是年轻党员诉求也逐步向多元化、多层次发展，不愿充当被动接受角色，希望更开放、更主动地实现自我教育、表达自身意愿。互联网的交互性和开放性等特点，增加了党员干部话语力量，必然要求党建工作由传统的单向变为双向、多向交流互动，如此才能进一步巩固党的执政基础和群众基础。因此，2019年1月印发的《中共中央关于加强党的政治建设的意见》明确提出：积极运用互联网、大数据等新兴技术，创新党组织活动内容方式，推进"智慧党建"。

一、从"如何过好长期执政的互联网这一关"思考

随着网络技术的快速发展和深度应用，基于移动互联和"数字化生存"开启的互联网时代，正深刻地改变着原有的政治和社会治理逻辑。从互联网对于党的执政环境的改变看，主要体现在：

---

① 《非公有制企业党建："未来十年，人工智能将为党建工作提供怎么样的创新可能呢？"》，http://www.sohu.com/a/164760206_99896263。

1. 深刻改变了社会生产方式

（单位：万亿元）　　　　　　　　　　　　　　　（单位：%）

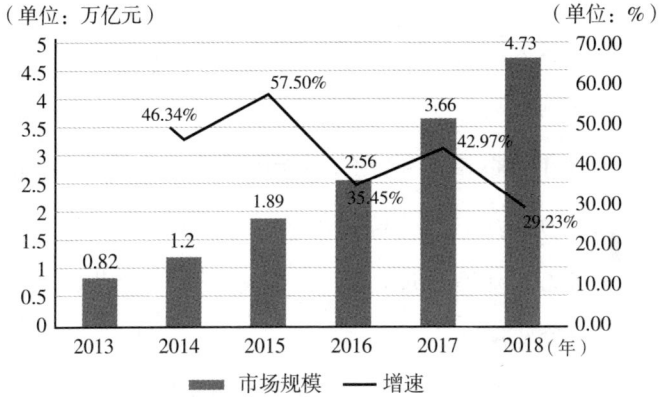

图 6—2　中国网络经济市场规模①

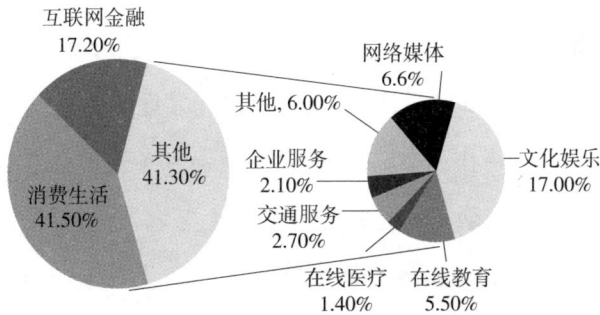

图 6—3　中国网络经济市场结构②

---

① 本图来自 iResearch 前瞻产业研究院整理。

② 本图来自 iResearch 前瞻产业研究院整理。

从以上两图可以看出，互联网的快速发展和信息化的深入推进，使得互联网经济、信息经济在社会经济中的比重越来越大，成为社会生产方式的引擎和主线。

2. 深刻改变了社会交往方式

借助于互联网所带来的便捷化的沟通交流，人们的社会交往方式发生了根本性变化，泛在的、即时的、跨时空的交往方式开始占据主导，人们的交往不再局限于传统的面对面交流层面。

进入人工智能阶段后，不断涌现的人机交互以及人机作战逐步出现在大众视野中。2016 年 3 月阿尔法狗（AlphaGo）与李世石进行围棋大战并取得胜利，人工智能自此真正引起了全世界范围的关注和讨论。此后，中国一批相当出色的人工智能类企业也开始逐步走进大众生活。比如，将作为 2022 年北京冬奥会和冬残奥会官方自动语音转换与翻译的提供商——科大讯飞，通过其语言识别、语音合成和机器翻译等技术，协助让赛场内外人与人、人与机器之间在语言沟通上无障碍、让视听障碍人员能够"看得见声音、听得见文字"，无障碍地获知奥运比赛结果以及进行赛事交流，使奥运精神落地更加有人文情怀，让社会更加有温度。

3. 深刻改变了社会认知方式

共同分享、广泛表达、高频互动等信息交流方式的深入推进，使得开放、多样的思想舆论对人们产生越来越大的影响。学习是共享和构建个体认知网络的过程：个人的知识组成了内部的认知网络，学习空间中的情景问题与其他学习者构建成社会认知网络，学习者在情景交互过程中，完善和改进自己个人认知网络，同时也构成社会认知网络的一部分，分享和构建了社会认知网络。

图6—4　认知方式的变化

从前，人们获取信息主要方式是：

60年代：报纸、杂志；

70年代：报纸、广播；

80年代：电视、广播；

90 年代：电脑、智能手机。

以往读书千百卷堪称渊博，而今从小学算起，每人阅读量都能达到成百上千卷，但前者是可传诵复述、经典化的深阅读，后者是互联网时代、人工智能时代的浅阅读。向更深层次看，人工智能时代的到来为人带来的认知方式的改变主要是正面的、积极的。但针对这种智能化的变化，如何因应这种新的治理图景，成为我们党必须认真对待的重大课题。

党的十八大以来，以习近平同志为核心的党中央将网络安全和信息化工作提到了治国理政新高度，特别是明确提出"过不了互联网这一关，就过不了长期执政这一关"。互联网已经成为我们党面临的"最大变量"，而要把"最大变量"转化为"最大正能量"，关键在于能否牢牢抓住机遇、有效应对挑战，进一步提升网络时代的执政能力和领导水平，这事关党和国家事业全局，事关中国特色社会主义前途命运。各级领导干部特别是高级干部要主动适应信息化要求、强化互联网思维，善于学习和运用互联网。

二、从"互联网时代如何再组织起来"思考

互联网给党的执政所带来的影响，很重要的一个方面就是对党的组织和动员方式的影响。从组织方式看，长期以来我们党主要是以科层制的方式组织起来的，这对于党取得革命胜利并长期稳固执政起到了至关重要的作用。但在互联网时代，整个社会的组织方式开始呈现出扁平化的特征，党在长期执政过程中必须适应对接社会组织方式的新变化。从动员方式看，党的建设实现了对于政府、企事业单位、人民团体、农村基层和城市社区的覆盖与动员。但是，互联网催生了许多新的社会阶层、新的社会组织和个体，不断向党建的动员与覆盖方式提出了新的更多的要求。在过去，"组织起来"，即把自己组织起来，把群众组织起来，是我们党成功的重要秘诀。而在互联网时代，"组织起来"面临着我们党的组织动员方式如何更加适应扁平化、泛在化、多样化要求的问题。网络时代以云计算、大数据为核心的新一代信息技术迅猛发展，互联网的应用不断改变着世界的面貌。

就党的基层组织建设而言，结合基层党组织建设实际，在以互联网为标志的信息社会大环境下，党的建设还

面临着信息化带来的巨大冲击和考验。一是党员组成结构的变化和流动性的增加，给党员的管理、教育带来新问题；二是网络媒体的发展对党员的思想和行为习惯产生深刻影响；三是采用较为传统的手段开展工作的党组织不能适应时代的变化。为应对以上挑战，必须在党建信息化建设上赢得主动，以使党组织与党员的互动交流突破时空限制，并扩大党组织活动舞台和覆盖范围，以进一步丰富党的基层组织管理的方式和手段。① 互联网时代已经向我们党提出了新的要求，就是：我们不但要善于"把支部建在连上""把支部建在村上""把支部建在楼上"，还应当善于"把支部建在网上""把党员连在线上"。归根结底，就是要解决好大数据与人工智能时代党的组织建设的适应性问题。

由此，如果我们带着"互联网时代如何再组织起来"来思考和认识人工智能与党的建设，用新尝试和新应用来打开"人工智能＋党建"的新思路，就会使拥有9000多万党员的党建工作更上一层楼。目前，带着这种思想来思考的企业以及组织已经出现，其中新应用的代表便是阿里巴巴的 AI 党建云，它是由基础的管理平台、综合数据服

---

① 崔辉：《"互联网＋基层党建"的党建云模式》，《思想政治工作研究》2018 年第 3 期。

务中心、多终端同步应用构成的移动互联网党务智能化应用平台，致力于为全国460多万基层党组织、9000多万党员提供专业、安全、免费的党建服务。将90%的线下党务工作搬到线上进行，帮助基层组织宣传委员、组织委员、支部书记、党员各司其职、各尽其职。

"人工智能＋党建"的新尝试，当属科大讯飞的"支部党课"。该技术平台采集真人的一段音视频素材进行多模态建模，利用语音合成、图像处理、机器翻译等技术，将素材中涉及的文本内容及时、准确地转化为中文、英语、日语、韩语、泰语等8种语言进行自动播报。例如人民日报虚拟主播"果果"就是利用此种技术此种方式进行新闻播报。同时，多语种播报的尝试，体现了全球化时代

图6—5 人民日报虚拟主播"果果"

的"人工智能＋党建",也说明"人工智能＋党建"可以向更多方向和领域延伸。

三、从"如何增进互联网时代的意识形态安全" 思考

随着网络信息化的迅猛发展和网民规模的持续扩大,互联网已经成为舆论斗争的主战场,直接关系我国政治安全和文化安全。习近平总书记 2018 年 8 月 21 日在全国宣传思想工作会议上强调,我们必须坚持以立为本、立破并举,不断增强社会主义意识形态的凝聚力和引领力。我们必须科学认识网络传播规律,提高用网治网水平,使互联网这个最大变量变成事业发展的最大增量。这为新时代维护网络意识形态安全指明了方向。既然互联网已经成为思想文化信息的策源地和社会舆论的放大器,那么我们就要充分重视、认真对待其社会影响。要深刻认识到,汹涌澎湃的网络舆论和网上个性化表达,使得传统的巩固壮大主流思想舆论的理念、方式和方法面临严峻的挑战。特别是,互联网已经成为意识形态斗争的"主阵地""主战场",各种势力借助于互联网竞相发声,试图影响许多思想舆论事件的走向,与我们党争夺阵地、争夺人心。

比如在 2020 年初暴发的新冠肺炎疫情，在不明疫源地的真实状况下，不知病毒具体传播途径以及何为根治病毒特效药的同时，面对着不断增长的确诊病例数，一些别有用心的个人和组织置国家危难于不顾，根据简短的截图肆意想象并且编造谣言，甚至将矛头引向党和国家制度，使本就艰难的抗"疫"阻击战雪上加霜，幸而各方主流媒体及时辟谣，广大人民群众心明眼亮，才使得他们的图谋没有得逞。这再一次警醒我们，能否在"没有枪炮的战场"持续打赢"没有硝烟的战争"，事关党的思想防线能否守住、党的意识形态工作领导权能否巩固这一重大政治问题。

习近平总书记指出，要加强网上正面宣传，旗帜鲜明坚持正确政治方向、舆论导向、价值取向，用新时代中国特色社会主义思想和党的十九大精神团结、凝聚亿万网民，深入开展理想信念教育，深化新时代中国特色社会主义和中国梦宣传教育，积极培育和践行社会主义核心价值观，推进网上宣传理念、内容、形式、方法、手段等创新，把握好时度效，构建网上网下同心圆，更好凝聚社会共识，巩固全党全国人民团结奋斗的共同思想基础。为此，各级党组织也应该聚焦新型党组织建设工作的重点难点，在党建过程中不断挖掘人工智能技术与党建工作的契合点，将人工智能技术与党建相结合。例如中央广播电视总台旗下三网（即：央视网、央广网、国际在线）全力建设的"人工智能编辑部"推出的首批重点产品《课本里的新中国》，该产品号召广大网友通过朗读经典课本中的片段，以"中国声音"致敬与新中国共同成长的岁月，目前微博话题阅读浏览量超 11 亿。这就是"运用网络引导舆论""走好网络群众路线"的典范。

由此，如何驾驭互联网时代的网络舆论发展态势，切实提高熟练运用各种网络技术的能力、运用网络信息判断舆情的能力、运用网络引导舆论的能力以及网络民意整合沟通反馈能力等，走好网络群众路线，做好网络思想政治工作，成为提高我们党网络执政能力的重要着力点。

第二节 "人工智能 + 党建"的主要内容

"人工智能 + 党建"即党建人工智能化，是利用智慧理念、智慧技术和智慧手段，在党建信息化集成综合基础上构建的组织、党员和群众三者良性互动的平台，该平台实现了党的组织建设、思想工作、干部和人才工作以及党员教育、党员管理、党员服务、党员活动的网络化、智能化、现代化。将信息技术应用到党建工作中，既是信息化时代发展的客观要求，也是党建工作改革创新的必然要求。习近平总书记在党的十九大报告中指出，要善于运用互联网技术和信息化手段开展工作。近年来，各地在党建创新方面开展了诸多尝试，党建信息化经历了不断升级换代的过程。建立党建平台，提供数据管理、过程管理、质量管理、追踪管理等服务，构建党建数据、研判、管理、考核综合枢纽，为基层党建工作分析研判打好基础，探索建立干部、人才数据分析模型，深度挖掘和综合比对党员、干部、人才信息，为领导决策提供依据；开通微信微博到部分地区运用云计算、大数据等技术，实现党建与党务融通、政情与民情互联，新技术的应用为党建创新注入了新动力。

在党建信息化建设不断开展的同时，党建工作正在实现多方面的效率优化和质量提升。比如，党员的教育、管理、监督及"三会一课"都可以在线运行，组织生活上下互通、适度"留痕"。把网上活动与现实活动结合起来，建立健全了党员动态管理机制。利用党建管理上的技术创新，将大量的党务日常管理工作以数字化、程序化的方式进行，提高工作效率，进一步增强党组织的凝聚力、创造力和战斗力。再比如，通过硬件环境建设和软件机制构建，对党员系统数据进行统筹管理、分析研判和综合运用，并通过党建 3D 地图实时反馈、党建分析报告月度反馈、手机短信季度反馈和党组织党员星级评定年度反馈，为党组织和党员评先评优、基层党委工作决策、软弱涣散基层党组织整顿、不合格党员处置、党员发展等提供更加科学、准确、明晰的依据。人工智能赋能党的建设，已经成为一个大趋势、大方向。

具体来看，人工智能助力党的建设主要内容有：

一、助力学习型党组织建设

人工智能在助力学习型党组织建设方面具有很多优点。人工智能包含了感知、交互、学习、推理、规划等多种能力，为党建类资讯信息在党组织体系中的快速、广泛、深入传播提供了便利。"人工智能＋党建"，在党建内容的学习上有很多优势，可借助信息化优势，有效整合党建资源，构建数字化、智能化的党建工作模式，丰富党建宣传教育的渠道，为党委分析研判和决策提供可靠的数据支撑。人工智能以互联网为平台，不仅能为党内教育学习提供信息共享与交流，更能实现教与学的互动，反映学习进展成效。人工智能平台和渠道能够深入宣传党中央精神，广泛拓展学习教育的覆盖面，让更多党员认识到学习教育的重要性、了解学习教育的内容、感受学习教育的氛围。借助人工智能技术优势，进行学习质量监督、个性化学习方案定制、学习互动交流、情感心理元素引导，能进一步提升教学效果。以互联网思维、智能化方式，遵循信息化规律进行学习型政党建设，收效良好。

比如，电子科技大学研发的"智慧红云"系统，可以收集党员（基层组织）的基础数据、活动数据，及参加"三会一课"、讨论发言情况等精准数据；随后，系统独有的"党员数据精准画像引擎"，将在云平台上对党员（基层组织）进行快速、准确、全面的"画像"；最后，系统可针对"画像"采用"TensorPlus 深度学习系统"进行解决方案推送，为基层组织更好开展党员学习教育提供帮助。"在当前创新型、服务型、学习型党组织建设中，'智慧红云'通过数据渗透、数据驱动、数据再造、数据协同，形成了服务导向、线上线下结合、资源共享等特点。"①

再比如，"学习强国"是学习习近平新时代中国特色社会主义思想最权威、最全面的信息平台，一经上线便受

---

① 　张少杰：《四川推"智慧红云"：用大数据和人工智能"算"党员思想状况》，2017 年 6 月 30 日，https://www.guancha.cn/TMT/2017_06_30_415951.shtml。

到广泛关注。"学习强国"联手科大讯飞打造知名主持人
语音播报功能，为用户提供更好的学习方式手段。基于科
大讯飞强大的语音合成技术，语音播报将文字转换为声
音，贴合当下用户阅读习惯进行播报。打破时空限制，让
用户合理利用碎片化时间学习。

图6—6 "学习强国"平台

因此，人工智能助力学习型党组织的建设，一方面
通过对党员数据信息的深度挖掘、系统判断，能够协助基
层组织做好党建工作，实现引领发展；另一方面，在"两
学一做"等党员学习教育活动中，能够辅助开展党员教育、
学习培训，实现党员共同促进、自我提升。

二、助力党的思想建设

通过"大数据＋深度模型"等技术手段，人工智能

能提供精准的辅助测评、判断和预测，为评判党员干部政治立场、思想认识等提供可靠程度较高的分析工具。通过汇聚党员基础数据，通过"党员数据精准画像引擎"，可以精准获得党员干部的个性化信息非私密信息。"用人工智能'算'党员思想状况"，能满足党员教育入脑入心的要求，可以实现党建数据信息的智慧使用，切实推动党员政治素质与思想意识的提升，让党组织在政治引领与思想建设中更加有的放矢，让党建工作更加精准、务实。

比如，2018年安徽省铜陵市针对党员教育管理中存在的信息不对称、管理不精细、服务不均衡等现实问题，运用云计算和大数据手段，自主建成"1+1+2"党员教育和组织生活管理信息平台——"先锋在线"，即一个门户网站（铜陵先锋网）、一个大数据管理平台、两个移动端（先锋在线APP和先锋铜陵微信）架构组成的"先锋在线"党员教育和组织生活管理平台，努力让党员教育更有吸引力、让党务管理更精准、让党员服务更便捷。铜陵市委组织部副部长孙彬表示，"以前都是你出什么菜单，党员就学习什么，现在是党员想学习什么就有什么。以前的灌输学习，现在变成双向、互动的，个人意志的选择在里面起到了决定性的作用。另外每个支部可以自己发起活动，每个党员可以提出自己的要求。而且每个支部活动的积分即时可以反映。"①

再比如，贵州省贵阳市"党建红云"在思想建设和组织建设方面都起到了很好的作用。一是通过对有关网站、论坛、社区、贴吧等抓取的海量数据进行筛选、甄别、分析，发现党员、干部和群众关注的或不满意的问题，初步预判未来一段时间内的变化趋势，为超前谋划好党的建设工作、建立健全更为精准有效的组织工作制度提供较为准确的信息参考。二是通过对涵盖了全市 8000 多个党组织和 17 万余名党员数据库、领导干部信息库的集成管理和滚动更新，以"智能研判"为核心，分析研判贵阳市党员干部队伍组成和变化情况、基层组织的党员组成情况等，为进一步做好党员队伍、干部队伍、领导班子和基层组织建设提供科学依据。②

① 《让 AI"牵手"党的建设，这个市的"互联网＋党建"有特色!》，安徽先锋网，2018 年 5 月 17 日，https://www.sohu.com/a/231909718_391423。
② 孟莉：《建设"党建红云"平台进入大数据抓党建新时代》，2018 年 9 月 18 日，http://www.gywb.cn/content/2018-09/18/content_5839624.htm。

三、助力走好群众路线

习近平总书记 2016 年 4 月 19 日在网络安全和信息化工作座谈会上的讲话明确指出："让互联网成为我们同群众交流沟通的新平台，成为了解群众、贴近群众、为群众排忧解难的新途径，成为发扬人民民主、接受人民监督的新渠道。"

"为了促进信息互换匹配，增强党群服务管理系统建设，能够将党员志愿服务意向、服务专长等，利用大数据技术，与社会、企业等进行需求对接，能够推进党员、党组织服务群众的智慧化和效率化。"① 人工智能通过提升信息资源与用户需求的匹配性，实现语音、图像甚至情感元素等多元化形态要素的搜索匹配，为宣传党的主张、贯彻党的决定、领导基层治理、团结动员群众、推动改革发展提供了多样性的智慧支持。实际案例表明，借助党建信息化平台，智慧党建已经可以贯通干部、基层党建、人才工作与部分重要部门数据流、业务流、工作流，实现党建工作的有效拓展延伸。

---

① 项青、许宏志：《"智慧党建"的五个建设要点》，《人民论坛》2018
　年第 20 期。

习近平总书记指出："网民来自老百姓，老百姓上了网，民意也就上了网。群众在哪儿，我们的领导干部就要到哪儿去，不然怎么联系群众呢？各级党政机关和领导干部要学会通过网络走群众路线，经常上网看看，潜潜水、聊聊天、发发声，了解群众所思所愿，收集好想法好建议，积极回应网民关切、解疑释惑。"通过人工智能让"网络群众路线"走得更好、更远，更多了解群众所思所想，收集好的想法建议，以群众喜闻乐见的方式回应群众关切，让群众认识党、了解党、热爱党。

比如，南京市栖霞区建设党建云社区，运用互联网、人工智能、大数据、云计算等现代科技，植入人工智能机器人"小栖"，聚合多个微信群，与线下网格一一对应，将社区党组织、居委会与居民、物业、驻区单位、社会组织在线联系起来，实现服务"24小时不打烊"。目前，该区党建云社区微信群938个，9个街道119个社区实现全覆盖；每天上线发声人数超8万人，每月产生有效信息35万余条，每年解决实际问题3万多件。据南京大学民调显示，在栖霞，居民认同社区党委、居委会的比例高达62.4%，比全国同类城市平均值高出14个百分点。2018年，入选国务院发展研究中心、中央宣传部重点系列报道"改革开放40周年——中国样本"，在全球城市论坛上获得首届"长三角城市治理十大最佳创新案例"奖。"党建云社区运用现代信息技术，可提供便民服务、投诉受理、舆情收集，并同步嫁接不见面审批、党建引领、协商议事、数据分析等系统，优化了工作机制和实施路径，实现了多元主体的互联互通，汇聚了更多的资源力量。"①

及时了解各地党群、干群关系的发展趋势，提前预测可能出现的问题和事件，准确地对服务进行有效的考核评价，对于党建水平的提升至关重要。现阶段，我们可以通过抓住各级党委、政府网站的群众留言，某一时间段内各网络论坛讨论的热点话题以及某一地区党员、群众搜索的主要内容等，深度挖掘和研发各个环节的不同分类的大数据价值，及时发现相关事件的苗头性和趋势性问题，从而科学判断当前和未来一个时期内党群干群关系的状况以及矛盾焦点，从而进行及时有效的化解。② 在一定时期内，人民网的"地方留言板"就起到了官民互动的重要沟通作用。

---

① 中共南京市栖霞区委：《南京栖霞：人工智能赋能党建让党群更紧密》，2019 年 4 月 26 日，http://dangjian.people.com.cn/n1/2019/0426/c117092-31053044.html。

② 周健、季丽：《大数据党建的特征及现状浅析》，《苏州党校》2018 年第 2 期。

四、助力党员管理服务

加强党员管理服务，是智慧党建的一个较为基础的功能，当然也是其最直接的功能。比如，中国软件与技术服务股份有限公司打造的"党建云"，通过组织层级和角色区分，以党员身份证作为唯一标识为每位党员建立账号，并根据党委、党支部、党小组、党员等进行权限区分，建立网上党组织体系，实现了党组织和单位信息管理、党员信息管理、组织关系转接、发展党员管理、流动党员管理、党费管理、党内统计、党组织活动管理等中组部党员信息管理系统内的八项功能，同时配合手机"党建云地图"，使党员可以及时联系党组织、缴纳党费、参加党组织活动，真正做到了使党员"有家可归"；此外，通过建立流动党员信息库和流动党支部，使流动党员可以网上缴纳党费、参加组织生活、交流汇报思想，使党员"流动不流失"。① 党建云通过开设"三会一课""日常活动"等互动交流模块，极大方便了党员在线参与活动、点赞、留言、发表意见，有效拓宽了党员参与组织生活的渠道。

① 崔辉：《"互联网＋基层党建"的党建云模式》，《思想政治工作研究》2018 年第 3 期。

党建云借助于对党建工作流程各个环节的跟踪记录和大数据分析，对党员资料完整率、党费按时缴纳情况、组织生活参与情况等项目进行动态统计，及时对长期不参加组织生活的党员和长期不开展组织生活以及长期不换届的党组织进行排查提示。

五、助力满足人民对美好生活的需要

华为在深圳进行第二期《与任正非的咖啡对话》，任正非就 5G、人工智能等新技术的发展以及由此带来的影响进行了畅谈。任正非称，5G 是一个小儿科的事情，未来最大的变革应该是人工智能。

随着人工智能上升为国家战略，其对国家发展的支撑作用越来越明显，在满足人民对美好生活的需要方面的作用也越来越明显。根据 2018 年中国人工智能 100 强企

2018年中国人工智能100强企业名单（一）

排名	企业	所在地	iPower	iBrand	iSite	总分
1	华为	广东	94.56	93.54	92.42	94.14
2	腾讯	广东	93.30	94.14	91.70	93.31
3	百度	北京	91.99	92.91	88.91	91.87
4	阿里巴巴	浙江	91.70	91.98	88.86	91.47
5	平安集团	广东	90.72	92.06	87.15	90.63
6	科大讯飞	安徽	90.62	90.38	86.50	90.16
7	搜狗	北京	90.14	90.85	87.47	90.01
8	汉王科技	北京	90.26	91.07	83.90	89.79
9	中科创达	北京	88.85	90.14	85.94	88.82
10	医渡云	贵州	88.74	90.17	86.48	88.80

图 6—7 前瞻产业研究院 2018 年中国人工智能 100 强研究报告

业排行榜显示，AI巨头们正依靠领先的技术实力，逐渐显露各家本领。

华为在2018年正式将人工智能推至前台，首次公布AI战略，在全联接大会上发布了自主研发的，基于达·芬奇架构的昇腾910与昇腾310两款AI芯片。开拓了华为正式进军AI领域的篇章。并且据华为官方数据显示，昇腾910芯片的算力远超芯片巨头英伟达的Tesla V100。

在阿里云平台的支持下，阿里的物联网布局已经从智能家居扩展到智慧社区、智慧出行、智慧城市、智慧农业等更广阔的场景中。阿里有支付数据、物流数据、城市交通数据、城市运营数据，依托阿里云的大数据存储和基

图6—8　麒麟芯片

础设施建设，实现城市治理模式、服务模式和产业发展的三重突破。

百度的 AI 核心技术引擎百度大脑，自 2016 年开放至今，百度大脑 AI 开放平台开放 178 项 AI 技术，开发者规模持续快速增长并突破 120 万。

科大讯飞坚持源头技术创新，拥有多项自主知识产权核心技术，坚持"平台＋赛道"战略，在各行各业应

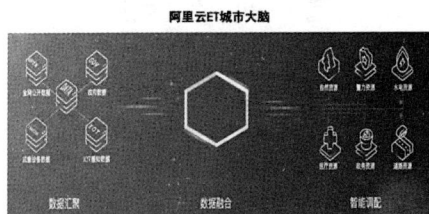

图 6—9　阿里云城市大脑

用上深耕落地，目前已经引领在消费者、智慧教育、智慧城市、智能客服、智能汽车、智慧医疗、智能家居等领域的深度应用，占有中文语音技术市场 70% 的市场份额。

由此可以看出，人工智能可为建设创新型国家提供支撑引领，中国从"大国"到"富国"再到"强国"离不开创新和科技的发展。党的十九大报告中 59 次提到创新、17 次提到科技，强调创新是"建设现代化经济体系的战

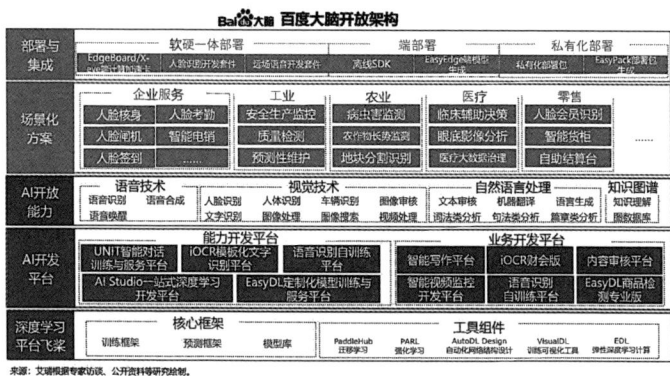

图6—10　百度大脑

资料来源：公司官网 前瞻产业研究院整理

图6—11　科大讯飞行业方案及消费级产品

略支撑"，让科技创新与应用成为"建设科技强国、质量强国、航天强国、网络强国、交通强国、数字中国、智慧社会"的有力支撑。

另外，大数据和人工智能技术也可以在各个领域发挥重要作用。例如在扶贫领域，通过多源数据的融合以及大数据分析技术，可以将贫困人口精准定位，从致贫原因的源头抓起，有针对性地落实帮扶措施，从而从根本上解决贫困和发展不平衡问题，满足人民美好生活的发展愿望；在社会治理领域，应用大数据分析和数据挖掘技术，为有目的性的刑侦行动提供支持，不仅降低了社会治理成本，也极大地提高了侦破效率，提升百姓的安全感和幸福感；在医疗领域，通过人工智能和大数据分析技术，能够将医疗专家的领域知识集成，实现医疗资源在不同区域的共享，提升医疗服务质量、降低百姓医疗成本、改善医疗环境，就 2020 年的新型冠状病毒确诊人数以及周期内升降数据统计为例，人工智能为广大医疗界以及政府界人士制定疫情防控方案起到了至关重要的作用；在金融和投资领域，通过大数据分析技术，能够有效识别各种风险，提高相关部门工作效率。①

综上，人工智能和各项工作尤其是党建工作相辅相成，中国共产党经过 70 多年特别是近 40 多年，带领人民，将中国建设成为一个日益富强的国家，才有了如今的幸福生活。在党的领导之下，不断推动"人工智能+""人工智能+党建"，可为建设现代化强国、实现中华民族伟大复兴的中国梦，提供强大的助力。

---

① 熊辉：《人工智能助力实现中国梦》，《人民论坛》2017 年第 S2 期。

第三节 "人工智能＋党建"的实效分析

"人工智能＋党建"正在集聚着来自党务、科技和管理诸多领域的新智慧，展现出党建工作的新成效，从而有了"智慧党建"这一提法。"智慧党建"是党建工作的一种新理念。它是运用互联网、大数据等新一代信息技术，实现党建信息资源融合共享，稳步提升新时代党建科学化水平。促使党的建设多维度全覆盖、党建措施智慧生成的实现，从而提升党的执政能力和治理能力。

近年来，各地各单位积极融入互联网、利用大数据，探索"人工智能＋党建"的新模式，通过打造智慧党建平台，有效运用新媒体，推动党建由传统向现代递进，由静态向动态提升，由单一向多元演变。实现信息及时发布、党员精准管理、开展党性学习教育、解决百姓难题等功能，从而巩固夯实党建根基，激发基层活力。多方面实践表明，把握移动互联时代的历史机遇，因势而谋、应势而动、乘势而为，积极运用"互联网＋"技术助力党的建设，进一步推动党建传统优势与现代信息技术深度融合，可以较大程度提升新时代党的建设效能。

一、增强党建工作严密性

面对资源共享不充分、利益联接不紧密等突出问题，可以加强与区域内单位信息媒体后台的互联互通，形成网上红色矩阵。依靠属地党组织的政治优势实现最大限度的资源整合，把单位、行业和各领域党组织联接起来，填补党的组织和工作空白，使之形成严密紧密的组织体系，将主旋律和正能量传播到"网"和"端"。

早在 2014 年，江苏省句容市就把远程教育智能终端建设与基层党建工作相结合，创新智能化党建工作方式，将工作从"线下"延伸到"线上"，以基层党组织为单位建立"网上党支部"，开设网上党务公开、开展网上党日活动、推行党员网络教育，打破时空限制，为广大党员构建"网上家园"。目前，智能终端已经在全市 191 个镇、村级远程教育站点和 76 家机关部门中实现了"全覆盖"，并积极向非公企业延伸，有力推动了基层组织网络阵地建设。①

上海市徐汇区田林街道党工委把工作重心转移到推

---

① 孔凡峰、赵鑫、张庆文：《句容基层党建迈入"智能时代"》，2014 年 6 月 30 日，http://jsnews2.jschina.com.cn/system/2014/06/30/021287158.shtml。

进基层党建、公共服务、公共管理和公共安全等"三公一建"，尝试借助信息化、科技化手段，通过大数据和人工智能的新技术建设智慧社区平台，提升社区管理能级。在田林街道十二村，线下自治模式复制到线上智能系统，社区原有的"居民区三驾马车'交叉任职'模式""党员骨干、楼组长定期协商议事制度"以及实体化居民活动区等线下资源载体，整体嵌入到线上智能系统，用信息化、科技化手段赋能社会力量，实现社区民警、物业干部、党员骨干等小区自治力量与智慧平台无缝衔接，一键推送，全面提升了居民区党组织的组织力、向心力与动员力。①

二、增强党建工作活跃性

党建工作和内容往往因为其具有的理论性、深刻性、系统性的特点，而让很多理论功底不够深厚的受众尤其是年轻党员们感觉到枯燥乏味，缺乏趣味性、灵活性、吸引力。这是各层级各系统的党建工作者面临的共同问题，尤其是基层党建，如社区党建、农村党建、企业厂矿党建等，这也正是加强党建基层基础建设尤其需要重

① 袁玮：《"智脑"管社区 AI 赋能城市基层党建》，《新民晚报》2018年11月21日。

视的一些方面。也正因为如此，利用人工智能技术搭建的智慧党建工作平台的重要性、必要性便愈发凸显。通过智慧党建平台上信息采集、收集、分析、归纳的快捷便捷性，可以十分有效地掌握基层党建的人员状况、学习诉求，同时又可以快捷、方便、高效地推送各类各样的信息，这种"一对一、一对多、多对多"的互动形式使得信息传播速度呈几何级倍数增长，在一定程度上缓解了受时空限制的传统党建存在的信息不对称、管理不精细、服务不均衡、工作不高效和监督不到位等突出问题。富有特色的专题党课和活动也能很快辐射到各基层、行业党组织。平台可以通过人物介绍、相互点赞投票等形式广泛宣传各行业先进组织和人物，有效增进单位间横向联系、经验交流与项目合作，搭建沟通平台，促进共商共建共享的基层党建局面形成。

　　案例表明，浙能党建 MIS 平台自 2008 年研发，2009年启动运行以来，已经坚持使用了 10 年，期间曾经过了4 次改版更新，由最初的基础信息存档，到如今的实现互动学习、流程管理，不断自我突破，形成了一套有效的实践经验。该系统提供党组织、党员信息管理、党员党籍管理及转移、党费收支管理、发展党员、"三会一课"等组织活动记录、日常考评管理、网上党校、党务公开、政研成果发表等多项功能，成功实现了对基层党组织工作的同步记录，为基层党组织提供了党建工作平台，推进了基层党组织无纸化办公，实现了各级党委的"远程巡视"。①

有研究指出，智慧党建平台打破了传统党建工作中单向沟通的局限。利用平台上的互动功能，如"党员论坛"让党员之间、基层党员与党支部书记之间，党员与党务工作者能够进行即时沟通，以实现多维度互动，活跃党建工作氛围，提高党员参与度，协调党内关系，加强组织凝聚力。②

三、增强党建工作引领性

互联网时代内容为王，更要强化政治引领。党建工作引入人工智能，能够体现党组织的核心作用和党建的引领作用，及时准确宣传习近平新时代中国特色社会主义思想、党中央的各项决策部署，增强党性、塑造灵魂、活跃组织、凝聚党员。同时有助于把握好时度效，确保发布信

---

① 《浙江能源集团有限公司：从"记"到"引"，浙能"数字党建"迈入 5.0 智能时代》，浙能外网，2020 年 1 月 6 日。
② 《智慧党建 4 大"智慧"之处》，2018 年 10 月 10 日，https://www.sohu.com/a/2586 17425_100120702。

息的真实性和可信度，做到"辟谣不传谣"，努力去"杂音"、建立良性互动关系，扩大正面声音，引导舆论的发展方向，并通过党组织的组织优势放大影响力，持续巩固壮大主流舆论强势，起到积极的正面宣传作用，构建网上网下同心圆，更好凝聚社会共识。

有研究指出，在有关"智慧党建"平台系统中，大数据技术能够围绕着"是什么、怎么做"，及时破解问题，具有将因果转为关联的分析功能，能够为实现主流价值传播系统的实时引领奠定基础。基于党员年龄结构、学历层次等数据的考量，增强该系统建设能够提升思想文化传播平台的影响和感召力，可以抓取分析党员干部浏览网页、关注微博、微信互动等数据，智慧生成不同群体的关注问题、舆论热点等信息，从而实现传播内容的全覆盖推送和个性化推荐相结合，进一步发挥党建微信平台等传播阵地的作用。

同时，利用大数据技术，可以追踪一段时间内的数据动态变化，抓取短时间内关注对象的相应数据，从而能进一步分析党员干部的思想动态情况。然后从短期和长期分别选择适应性载体、刊载针对性内容，指导党建工作有针对性地制定主流价值传播方案，有力抵御境内外敌对势力利用大数据对国内进行意识形态渗透，积极维护向上的主流舆论。①

总之，"人工智能＋党建"意义重大。习近平总书记指出，各级领导干部要努力学习科技前沿知识，把握人工智能发展规律和特点，加强统筹协调，加大政策支持，形成工作合力。通过"人工智能＋党建"的这种开放式的组织格局，党建工作可以形成"面对面"与"键对键"相结合立体网络，把"无形"资源转化成"有形"服务。通过技术赋能打破时空限制，有效地优化党建工作的各个环节，使党建从现实世界扩展到网络空间，实现了纵横流动、全局互动。这有利于促进党建工作在开放式体系中释放出最大的能量，实现多方共赢，使党的工作不断向社会各领域延伸。下一步，在 5G 时代即将来临，在数字化精准时代的大趋势下，"人工智能＋党建"开拓提升的空间还很大。

同时也要看到，有研究指出，事物的发展演进总是伴随着一些不同的问题，党建信息化也不例外。横向比较，大数据、云计算、物联网等新技术已广泛运用于制造、物流、金融、保险等诸多领域并得到飞速发展。比如我们熟知的网上购物、移动支付、共享单车等信息化支撑

① 项青、许宏志：《"智慧党建"的五个建设要点》，《人民论坛》2018年第 20 期。

下的新兴产业都走在了世界前列，智慧城市、海绵城市、光伏高速等创新成果层出不穷，无人码头、人机对话、人脸识别等人工智能广泛运用。比较起来，党建信息化的整体落后用天渊之别形容毫不为过。纵向比较，各级党委及其组织部门党建信息化百花齐放、各展异彩，呈现出蓬勃发展之势，但基本都是各自为政的小舞台、"自娱自乐"的独角戏。全国上下，由于党建信息化的手段和载体杂乱，对最终走向融合融通，到达以开放共享为特征的大数据时代造成巨大的资源浪费和不小整合困难，甚至有些东西在刚刚建成后必须淘汰。①

互联网党建的发展方向是什么？未来，网上党建与网下党建将从相"加"走向相"融"，将从"你是你、我是我"变成"你中有我、我中有你"，进而变成"你就是我、我就是你"，形成网上网下融合发展的良好局面。"智慧党建"将是互联网党建的未来形态，利用互联网积累的庞大数据，必将推动党建工作向实时感知、资源共享、高效协同、智能分析、科学决策的"智慧党建"迈进。②

---

① 《大数据时代，如何推进基层党建信息化》，2018 年 5 月 7 日，https://www.sohu.com/a/230740614_508473。

② 孙明增：《新时代互联网党建在创新中发展》，《光明日报》2019 年 1 月 28 日。

在"用"的同时也要"防"。要加强对于人工智能发展及应用中可能发生的风险的预判和防范，把握党建工作部署要求与人工智能发展的规律与特点，引导"人工智能＋党建"的科学化、规范化推进，确保对于人工智能技术的安全、可控化使用。要重视党建工作中的思想导向、人文情怀与价值内涵，防止党建工作舍本逐末、流于技术的形式主义。陈雯指出，"互联网＋党建"在推进便捷化利民服务、实时化培训教育、动态化监督管理、扁平化交流沟通等方面，形势一片大好。但也遇到了信息化和服务化相分离的问题，主要体现为：个别基层党组织响应"一阵风"、政策高悬"一本经"、观念更新"一张皮"、党建平台"一孤岛"。① 贾宝余指出，也要注意到，大量应用人工智能，根本目的是提高党建工作的效率和质量，解决的是党员和群众工作中的需求，而不仅仅是为了智能技术的应用。为党建工作规范化提供更多解决方案是好的，但要避免落入刻板僵化的窠臼；将基层党建工作者从烦琐的日常事务中解放出来，是要去更好地调研和服务，化解各类现实矛盾；形成方便管理和查询的信息化平台是进步，但要警惕出现"过度留痕"等形式主义倾向。重视并不断解

---

① 陈雯:《基层党建如何用好"互联网＋"》,《人民论坛》2017 年第19 期。

决出现的问题，才能保证党建信息化真正实现提升效率、优化服务、支撑发展的目的。①

_____

① 贾宝余:《智能技术让党建更有力》,《人民日报》2019 年 1 月 8 日。

责任编辑：刘敬文

封面设计：汪　莹

投稿邮箱：455979309@qq.com

图书在版编目（CIP）数据

人工智能与国家治理／《人工智能与国家治理》编写组　著．—北京：
　人民出版社，2020.12
ISBN 978 − 7 − 01 − 022748 − 1

Ⅰ.①人…　Ⅱ.①人…　Ⅲ.①人工智能 − 应用 − 行政管理 − 研究 − 中国
　Ⅳ.① D630.1-39

中国版本图书馆 CIP 数据核字（2020）第 247966 号

人工智能与国家治理

RENGONG ZHINENG YU GUOJIA ZHILI

本书编写组　著

人民大版社 出版发行
（100706　北京市东城区隆福寺街 99 号）

北京盛通印刷股份有限公司印刷　新华书店经销

2020 年 12 月第 1 版　2020 年 12 月北京第 1 次印刷
开本：880 毫米 × 1230 毫米 1/32　印张：9
字数：150 千字

ISBN 978 − 7 − 01 − 022748 − 1　定价：35.00 元

邮购地址 100706　北京市东城区隆福寺街 99 号
人民东方图书销售中心　电话（010）65250042　65289539